LOS PELIGROS DEL POPULISMO PENAL

LOS PELIGROS DEL POPULISMO PENAL

Eduardo Jorge Prats

IUS|NOVUM

DISEÑO Y PRODUCCIÓN
Lourdes Saleme y Asociados

IMPRESIÓN
Amigo del Hogar

Santo Domingo,
República Dominicana
Octubre 2011

Dedicatoria

A Ángela,
*que deslumbró mi corazón y me hizo sentir de
nuevo de 8 años.*

Al Dr. Juan Ml. Pellerano Gómez,
*cuya obra orienta a todos los defensores, jueces y
fiscales que luchan contra el populismo penal.*

*El pueblo que no lucha por su Derecho,
no merece tenerlo.*
Rudolf von Ihering

Contenido

Presentación

En nuestro medio, el nombre de Eduardo Jorge Prats es sinónimo de joven jurista de profundo pensamiento y pasión por la participación de la sociedad en los asuntos públicos. Cada día se afianza el reconocimiento a su aporte doctrinal como constitucionalista y de seguro un sitial privilegiado le espera al lado de nuestros grandes maestros del derecho.

Por ello, no es extraño que nuestras instituciones, mancomunadas en fortalecer las aspiraciones de eficiencia y calidad de nuestro sistema de justicia, se honra al poner a disposición de la sociedad dominicana, de los operadores del sistema de justicia, de las autoridades públicas y la comunidad académica, esta nueva obra de Eduardo Jorge, que estamos seguros colmará las expectativas de todos los investigadores, juristas y personas comprometidas con el avance de nuestros propósitos compartidos.

En el trabajo que hoy presentamos, "Los peligros del populismo penal", el constitucionalista está presente mostrando la inevitable relación que existe entre el derecho constitucional y el derecho penal, pero más que nada la incuestionable naturaleza política del populismo penal. El populismo penal, explica Jorge Prats, es una estrategia comunicativa desplegada por los actores políticos y del sistema penal para calmar el clamor popular ante la inseguridad ciudadana. Se trata de una ideología demagógica que propugna por la disminución de las garantías penales y procesales, la disminución de la imputabilidad juvenil, el aumento de las penas y la inflación o expansión punitiva mediante la aprobación de leyes que desbordan la capacidad operativa real del sistema penal.

En nuestro país, la expresión más evidente del populismo penal es el reclamo popular de "mano dura" contra la delincuencia. La cultura autoritaria que tradicionalmente ha delineado el discurso y la práctica institucional dominicana es un caldo de cultivo que potencia los efectos corrosivos del populismo penal, desde la disolución del principio de legalidad penal y el quiebre del principio de culpabilidad, hasta el decisionismo judicial y el desmonte del debido proceso, ni que decir de la criminalización de la pobreza y la deshumanización de los infractores. Ello explica las acusaciones y condenas penales en base a la aplicación analógica de la ley penal; la condena sin pruebas o con pruebas incorporadas de contrabando al proceso; y el que la pobreza se haya convertido en un peligro de fuga, y, peor aún, la legitimación social y hasta oficial de la eliminación de "delincuentes" en unos "apropiados" intercambios de disparos.

En la base del populismo penal está la deconstrucción del propio derecho penal, mediante la introducción de la lógica schmittiana del amigo-enemigo. A partir del mal llamado "derecho penal del enemigo", teorizado por Jakobs, subyace un "no derecho", una guerra sucia contra la criminalidad que legitima la conversión del Estado en criminal y reduce los delincuentes a "no persona". Se trata, pues, de un abandono radical del principio de superioridad ética del Estado y el retorno de la inocuización al derecho penal. El derecho no conoce amigos ni enemigos, sólo conoce personas. De ahí que la construcción del derecho penal de enemigos encierra una contradicción insostenible desde el punto de vista teórico.

Es más honesto asumir la realidad en sus propios términos: el derecho penal del enemigo no es derecho, es un fenómeno de naturaleza política contaminado con la ideología bélica.

El aporte del presente trabajo consiste en sacar a la luz los peligros del populismo penal, a partir de la definición de las características que lo definen, de la mano tanto de sus propulsores (y precursores) como de la de sus críticos, para sumarse a la tradición de juristas liberales que han reaccionado con valentía contra un signo involutivo de nuestra época.

Estamos, pues, frente a un jurista comprometido, que crítica el ser con la mirada en el deber ser. Jorge Prats concluye con una invocación de los principios del derecho penal, y de la mano de Ferrajoli rescata la función pacificadora del derecho como instrumento de defensa de los débiles; un derecho penal que debiera fungir como la "última ratio".

LINO VÁSQUEZ SAMUEL
Comisionado de Apoyo a la Reforma
y Modernización de la Justicia

SERVIO TULIO CASTAÑOS GUZMÁN
Fundación Institucionalidad y Justicia

ALEJANDRO MOSCOSO SEGARRA
Pasado Comisionado de Apoyo a la Reforma
y Modernización de la Justicia

Nota a la segunda edición

La primera edición de esta obra se agotó rápidamente. Sin embargo, decidimos esperar la aprobación de la Constitución de 2010 antes de adecuar el contenido de la misma a los nuevos textos sustantivos, al tiempo de comentar nuevas y peligrosas tendencias del populismo penal.

En todo el tiempo transcurrido, las tesis sostenidas en este ensayo han sido acogidas por prestigiosos juristas, tales como Luigi Ferrajoli, quien, al citarlo, ha señalado que la "política en materia de seguridad, dirigida a obtener consenso secundando el miedo y la demanda de medidas represivas con un uso coyuntural y demagógico del derecho penal, ha sido eficazmente llamada populismo penal" (Poderes salvajes. La crisis de la democracia constitucional, Madrid: Trotta, 2011, pág. 67, nota 2).

Nuestra firme esperanza hoy es que el Tribunal Constitucional y los jueces del Poder Judicial, al aplicar la Constitución de 2010 y la Ley Orgánica del Tribunal Constitucional y de los Procedimientos Constitucionales, puedan revertir las peligrosas corrientes del populismo penal que amenazan con enterrar las conquistas de la reforma procesal penal y destruir las bases de nuestro incipiente Estado de Derecho.

Santo Domingo, 26 de octubre de 2011.

Los Peligros
del Populismo Penal

Todos estamos familiarizados con el populismo político y sus consecuencias. Las reformas económicas estructurales emprendidas a partir de los 80 del siglo pasado y el hegemónico discurso político neoliberal han terminado de desacreditarlo, a pesar de lo que pudiera indicar el renacimiento de la izquierda populista (Chavez, Evo Morales y Kirchner). Lo interesante es que, aún en los países en donde se han asentado las reformas neoliberales (Europa y Chile, por citar dos ejemplos), el único populismo que no ha sido desterrado de la arena pública es el "populismo penal".

1. DEFINIENDO EL POPULISMO PENAL

¿Qué se entiende por populismo penal? La expresión ha sido popularizada –valga la redundancia– por el jurista francés Denis Salas. Con ella se alude a la estrategia que despliegan los actores políticos y del sistema penal cuando hay problemas de inseguridad ciudadana y que consiste en calmar el clamor popular mediante apelaciones al aumento de las penas, el endurecimiento de los castigos, la disminución de la imputabilidad penal juvenil, y la aprobación de una serie de leyes que posteriormente, a la hora de la implementación, no tienen un impacto real en la prevención y disminución del delito.

La República Dominicana no escapa al influjo del populismo penal como se evidencia claramente en los reclamos por una modificación del Código Procesal Penal, por el restablecimiento de la pena de muerte, la propuesta de las castración química como sanción contra los agresores sexuales, la solicitud de que los menores de edad sean juzgados como adultos, y, en sentido general, el clamor por "mano dura" en la policía.

El populismo penal es anti garantista porque propugna por la disminución de las garantías; es maniqueo porque orienta al combate de la criminalidad como cruzada contra el mal; es panpenalismo porque considera al Derecho Penal como remedio de todos los males sociales, como sanaloto-do social; y es simbólico y demagógico porque sólo crea la ilusión de que soluciona los problemas vía la intervención penal.

2. LOS PELIGROS DEL POPULISMO PENAL

El populismo penal, como discurso y como práctica, se radicaliza cuando se mezcla con una serie de tendencias y hábitos institucionales y culturales que caracterizan el siste-ma penal dominicano. De manera que podríamos decir que el populismo penal se caracteriza en República Dominicana por los siguientes rasgos, que a su vez constituyen sus mayo-res peligros para el Estado de Derecho y la protección de los derechos de las personas:

2.1 La disolución del principio de legalidad penal

El principio de legalidad está consagrado por el artícu-lo 9 de la Convención Americana sobre Derechos Humanos: "Nadie puede ser condenado por acciones u omisiones que en el momento de cometerse no fueran delictivos según el derecho aplicable. Tampoco se puede imponer pena más gra-ve que la aplicable en el momento de la comisión del delito. Si con posterioridad a la comisión del delito la ley dispone la imposición de una pena más leve, el delincuente se beneficia-rá de ello". Este principio es confirmado por el artículo 40.13

de la Constitución de 2010: "Nadie puede ser condenado o sancionado por acciones u omisiones que en el momento de producirse no constituyan infracción penal o administrativa" (artículo 40.13).

El principio de legalidad significa que no hay delito sin ley (*nullum crimen sine lege*). No hay delito sin ley porque no importa cuán nociva, desde la óptica social, sea una conducta, el Estado sólo podrá tomarla como motivo de sanciones penales si así lo ha establecido expresamente la ley. Ello explica por qué cuando, a raíz de la expansión del servicio eléctrico, comenzaron a proliferar las conexiones ilegales, hubo necesidad de legislar para combatir así el fraude eléctrico, pues éste no encajaba en la figura penal tipo del robo. Ello permite entender, además, por qué, frente a la emergencia de fraudes realizados a través de mecanismos electrónicos (ej. internet) o mediante la manipulación de instrumentos de pago (tarjetas de crédito y de débito), se requiere una legislación penal que expresamente contemple estas nuevas figuras delictivas. El principio de legalidad protege a las personas frente a todo castigo por una conducta que no haya sido declarada de modo expreso punible con anterioridad al hecho. Como bien expresa Roxin, "que con ello en alguna ocasión pueda quedar impune una conducta especialmente refinada, socialmente nociva y por ello merecedora de pena, es el precio que ha de pagar el legislador por la falta de arbitrariedad y la seguridad jurídica (es decir, por la calculabilidad de la aplicación de la potestad punitiva del Estado)".

El principio significa también que no hay pena sin ley (*nulla poena sine lege*). En otras palabras, no basta con que la conducta sea punible por mandato expreso y anterior al hecho del legislador. Se requiere, además, que el legislador con anterioridad a la conducta haya establecido la clase de pena y su posible cuantía. Ello se infiere de la disposición convencional que establece que "tampoco se puede imponer pena más grave que la aplicable en el momento de la comisión del delito" de donde resulta claro que es inconstitucional toda agravación posterior y retroactiva de la pena.

El populismo penal ha implicado en los países en donde se ha asentado la modificación de la legislación penal para endurecer las penas o para penalizar conductas anteriormente despenalizadas. Por eso se dice que el populismo penal es panpenalista en la medida en que entiende que el Derecho Penal no es la *ultima ratio* sino la solución ideal para todos los problemas sociales.

A pesar de que el legislador dominicano no ha escapado a los influjos del populismo penal, como se evidencia en las últimas legislaciones penales adoptadas, principalmente la propuesta de Código Penal, los populistas penales no han necesitado de cambios legislativos porque cuentan con adeptos dentro de la judicatura dispuestos a licuar el principio de legalidad penal, disolver los tipos penales y adecuarlos a las necesidades crecientes de penalización. En otras palabras, algunos jueces dominicanos, muy estrictos a la hora de interpretar las leyes en el ámbito civil o administrativo, son bastante creativos a la hora de aplicar la ley penal y así vemos cómo pueden sancionar muchos delitos de corrupción, económicos o electrónicos no previstos en la ley bajo los antiguos tipos penales de la estafa, el abuso de confianza o el robo.

Surge así un Derecho Penal "dúctil" que no se compadece con una disciplina que, como la penal, exige un estricto apego a la ley penal escrita y estricta, que prohíbe la aplicación de la ley penal por analogía y que solo admite atemperaciones cuando se trata de aplicar de modo más favorable al justiciable la ley penal, principalmente cuando esta última choca con valores, principios y derechos constitucionales.

2.2 El decisionismo judicial

Esto nos lleva a la segunda carácterística del populismo penal en nuestro país. Muchos jueces penales, a pesar de que la obligación de motivar es de carácter constitucional y de que ha sido consagrada en la Resolución 1920-2003 de la Suprema Corte de Justicia, fallan intuitivamente los casos, sin tomar en cuenta las pruebas y sin resistirse a la presión popular o del aparato burocrático en aras de conservar sus puestos. Otros son influidos por las líneas que bajan los voceros de la judicatura o las organizaciones ciudadanas que presionan en los tribunales por sus políticas públicas en detrimento de la independencia y la imparcialidad judicial. Se entiende que ningún juez es removido de su puesto por condenar a un acusado sino más bien por liberarlo por insuficiencia de pruebas o violación del debido proceso.

Esto se evidencia a diario. Jueces que condenan sin pruebas o mediante pruebas introducidas de contrabando en el proceso. Ciudadanos que, sin ser formalmente acusados o habiendo sido excluidos en los procedimientos preliminares, son incluidos como acusados por tribunales superiores en flagrante violación de todos los principios del debido proceso. Apertura de más de un procedimiento penal en violación a la garantía de que nadie puede ser procesado más de una vez por los mismos hechos.

Todo esto ocurre sin que los tribunales superiores, incluyendo la Suprema Corte de Justicia, censuren estas flagrantes violaciones cometidas por los jueces y sin que ningún abogado se atreva a realizar una crítica jurisprudencial porque sólo las sentencias de la Suprema Corte se publican y porque, fundadamente o no, muchos temen las represalias de los magistrados. Para muchos, se vive en un clima de terror judicial preventivo.

2.3 La criminalización de los pobres y los excluidos

El sistema penal activa y perpetúa una criminalización selectiva en base a estereotipos donde los segmentos sociales más pobres y excluidos resultan ser los sospechosos habituales. Las víctimas preferidas del populismo penal son los más pobres porque son los más vulnerables y los más excluidos. Y esto es lógico y natural: el sistema penal reproduce las desigualdades del sistema social y las repotencia, por lo que las consecuencias prácticas de la política criminal la sienten principalmente los marginados y los excluidos sociales, aquellos que, por su condición socioeconómica, son estereotipados como delincuentes peligrosos. Se es peligroso y, por ende, culpable porque se es pobre.

2.4 La deshumanización de los infractores

2.4.1 El Derecho Penal del enemigo. Günther Jakobs, una de las máximas autoridades mundiales en teoría penal, afirma que, para el poder penal del Estado, no todos los ciudadanos son personas, sino que están "las personas y los enemigos". Estos últimos, que pueden ser tanto terroristas como violadores reincidentes, en realidad no son considerados por el Derecho delincuentes, sino poco menos que animales peligrosos, algo que, por lo demás, Jakobs en cierto modo legitima, al explicar que el postulado de que todos somos personas frente al Derecho no puede sostener un sistema penal real.

"El derecho penal del enemigo –según el jurista alemán– pena la conducta de un sujeto peligroso en etapas previas a la lesión, con el fin de proteger a la sociedad en su conjunto, y esto quiebra la relación lógica tradicional entre pena y culpabilidad". Según Jakobs, el supuesto Derecho Penal ideal, para el cual todos somos iguales, contradice las medidas que los Estados adoptan con los sujetos altamente peligrosos.

Jakobs no es un cualquiera. Es catedrático de Derecho Penal y Filosofía del Derecho en la Universidad de Bonn y también lo ha sido de las universidades de Bochum, Kiel y Regensburg. Es miembro ordinario de la Academia de Ciencias de Westfalia del Norte y miembro correspondiente de la Academia Bávara de Ciencia. Entre sus obras destacan "La imputación objetiva en derecho penal" y "Sociedad, norma y persona", todas de venta en las librerías dominicanas.

¿Qué es lo que significa este Derecho Penal del enemigo? El mismo Jakobs responde: "Es un fenómeno que se da en todos los ordenamientos jurídicos de los países occidentales, y consiste en sancionar la conducta de un sujeto peligroso en una etapa muy anterior a un acto delictivo, sin esperar a una lesión posterior tardía. Se sancionan la conducta y la peligrosidad del sujeto, y no sus actos. El mismo fenómeno se da en el ámbito procesal, especialmente con la restricción de algunos ámbitos privados. Por ejemplo, la posibilidad de allanamiento de morada con fines investigativos, la posibilidad de registro de viviendas o la instalación de micrófonos o instrumentos para escuchas telefónicas".

Las consecuencias de la teoría del Derecho Penal del enemigo ya son visibles en la práctica: desde Guantánamo hasta la justificación de la tortura, desde el recorte de las garantías procesales a los acusados hasta el uso de la guerra con fines penales. Los otrora enemigos son hoy delincuentes y los delincuentes ya no son personas sino enemigos. Ya no hay que violar la ley penal, para sufrir la sanción: basta la etiqueta de "peligroso" para que los mecanismos de neutralización penal se activen y extirpen al individuo de su comunidad.

Si esta tendencia se acentúa, el futuro es ominoso. Ya lo explicaba hace unos años el filósofo francés Jean Baudrillard: "Se pueden ver estos mecanismos en la película reciente de Steven Spielberg, 'Minority Report'. Sobre la base de prevenir crímenes futuros, comandos policiales interceptan al criminal antes de que el acto haya pasado. Es exactamente el escenario de la guerra de Irak: eliminar el futuro acto criminal en el huevo (el uso de Saddam de armas de destrucción masiva). La pregunta que es irresistible es; ¿el crimen presumido hubiera tenido lugar? No se sabrá jamás ya que todo habrá sido prevenido. Pero lo que se perfila a través de él es una desprogramación automática de todo lo que hubiera podido pasar, una suerte de profilaxis a escala mundial, no solamente de todo crimen, sino de todo hecho que pudiera perturbar un orden mundial dado como hegemónico. Ablación del 'Mal' bajo todas sus formas, ablación del enemigo que no existe como tal, ablación de la muerte. 'Cero muerte' se convierte en el *Leitmotiv* de la seguridad universal".

El Derecho Penal que combate enemigos y no castiga personas, que interviene preventivamente antes que se cometa una infracción, ya no es Derecho. El Derecho Penal solo puede penar personas por sus actos y no enemigos por su pensamiento. Esto es otra cosa: guerra pura y dura, "terror sin equilibrio", "prevención implacable bajo el signo de la seguridad" convertida en "una estrategia planetaria". El "Derecho" de enemigos no es más que el triunfo de los enemigos del Derecho.

El populismo penal conduce directamente al Derecho Penal del enemigo y pone el Derecho Penal en manos de sus enemigos. Como el populismo penal desea responder a la expectativa de las víctimas, se tolera la deshumanización de los autores, los que son sistemáticamente asimilados a los "monstruos", "predadores", en fin "enemigos de la sociedad". Todo esto es legitimado por un discurso penal autoritario en donde el imputado es presentado como una "no-persona", como un ser que no merece protección jurídica, pues es simple "nuda vida" (Giorgio Agamben). El populismo penal contribuye a la deshumanización de los infractores porque éstos principalmente son los pobres. La legitimidad de este aparato de reproducción de la desigualdad social vía el sistema penal se funda en la asunción del pobre y del marginado como una clase social peligrosa. El etiquetamiento de este tipo de delincuente permite excluirlo del sistema de garantías penales (inviolabilidad de la vida, prohibición de torturas, debido proceso) y tratar al mismo como un infrahumano conforme a la misma lógica del campo de concentración, como bien ha explicado Agamben, sobre las huellas de Foucault.

2.4.2 La excepción permanente. El 17 de marzo de 1976 Michel Foucault dictó una clase en el Colegio de Francia en donde definiría un concepto tan actual que la humanidad y la democracia liberal se juega su destino en su comprensión. Como siempre, el anfiteatro estaba repleto: quinientas personas –estudiantes, profesores y curiosos– que debían repartirse en trescientos asientos. Decenas de grabadores están listos en el escritorio del profesor para captar la voz fuerte de Foucault. El hombre se quita la chaqueta, aparta los grabadores para colocar sus papeles, y arranca a toda máquina. El concepto aparece delineado desde el inicio de su clase:

"Me parece que uno de los fenómenos fundamentales del siglo XIX fue y es lo que podríamos llamar la consideración de la vida por parte del poder; por decirlo de algún modo, un ejercicio del poder sobre el hombre en cuanto ser viviente, una especie de estatización de lo biológico o, al menos, cierta tendencia conducente a lo que podría denominarse la estatización de lo biológico (...) Luego de la anatomopolítica del cuerpo humano, introducida durante el siglo XVIII, vemos aparecer, a finales de éste, algo que ya no es anatomopolítica sino lo que yo llamaría una biopolítica de la especie humana".

Paradójicamente, y como bien señala Giorgio Agamben, Foucault nunca extendió sus análisis al lugar ejemplar donde se manifestaba la moderna biopolítica en toda su intensidad: el campo de concentración. Porque es ahí, en el campo de concentración, donde es evidente que la característica fundamental del estado totalitario es, para decirlo en palabras de Kart Lowith, la "politización de la vida".

Hoy la realidad del biopoder es evidente en los campos de Guantánamo. Allá permanecen "detenidos" cientos de seres humanos a quienes el gobierno de George Bush II denominó "combatientes ilegales". Con esa denominación, se quiere decir que su actividad terrorista no solo le coloca fuera de la ley –tanto fuera de los pactos de derechos humanos como de las leyes de la guerra– sino también fuera de la humanidad. Y esto es lo que explica el trato cruel e inhumano contra estos prisioneros documentado por la Cruz Roja y organismos internacionales de derechos humanos: privados de comida, agua y sueño; golpeados y amenazados con pistolas; intimidados con perros; expuestos a frío y calor constantes; torturados con música a todo volumen y luces cegadoras durante 24 horas.

¿Cómo categorizar a unos prisioneros que viven en una tierra de nadie, en el "limbo de la ilegalidad internacional" (Emma Reverer)? Aquí hay que acudir necesariamente a un concepto recuperado por Agamben en su obra *"Homo Sacer: Sovereign Power and Bare Life"*. *Homo sacer* designa, en el antiguo derecho romano, la persona que podía ser asesinada con impunidad y cuya muerte, por eso mismo, no presentaba valor alguno. Los talibanes son *homo sacer*, lo cual es una evidencia del racismo implícito en la guerra contra el terrorismo, pues, como bien se interroga Foucault, "¿cómo se puede hacer funcionar un biopoder y al mismo tiempo ejercer los derechos de la guerra, los derechos del asesinato y de la función de la muerte si no es pasando por el racismo?".

Los talibanes son situados en Guantánamo para colocarlos fuera de la ley. De hecho, el propósito de Guantánamo es asegurarse que todo el proceso esté fuera de los procedimientos normales y de las garantías del debido proceso. Se trata de un estado de excepción global declarado por el ejecutivo estadounidense lo que demuestra claramente que, como bien afirmaba Carl Schmitt, "soberano es quien decide la excepción". Pero… ¿quedará limitada la excepcionalidad del biopoder al campo de Guantánamo? Si nos fijamos como la tortura ha sido incorporada de manera natural al discurso liberal, no cabría duda que la fuerza expansiva de la excepcionalidad puede alcanzar tierra firme. Ya hay quienes favorecen legalizar la tortura, eso sí, como bien afirma el constitucionalista Alan Dershowitz, con previa autorización judicial.

Cuando un estado soberano decide defender su sociedad contra enemigos difusos como los terroristas, y ello lo hace con los instrumentos que aseguran el poder biológico y disciplinario sobre la vida, es preciso "llegar a un punto tal que la población íntegra se exponga a la muerte", como bien nos recuerda Foucault. Allá nos conduce el Derecho Penal del enemigo como expresión más radical del populismo penal. No por azar, en la Alemania nazi, antes de construirse los campos de concentración. se limitaron las garantías penales y procesales. La eliminación de estas garantías es el paso previo para tener una población desprovista de derechos, "seres que no merecen vivir" y que pueden ser encerrados y aniquilados en campos de exterminio.

2.4.3 El retorno de la tortura. El populismo penal coincide con uno de los signos más perturbadores de nuestros tiempos: el retorno de la tortura no como práctica –pues nunca ha estado ausente de la realidad de los regímenes políticos totalitarios y autoritarios e incluso de nuestras incipientes democracias– sino como discurso.

La más reciente evidencia de esta normalización de la tortura como tema de debate lo es el sometimiento voluntario del escritor Christopher Hitchens a una sesión de "tabla de agua". Hitchens narra su experiencia en un artículo publicado en la revista "Vanity Fair", accesible en la red (www.vanityfair.com), y su conclusión es que el "waterboarding" es tortura, no obstante lo cual entiende que hay que distinguir entre "aquellos que defienden la civilización" (los norteamericanos) y "aquellos que explotan sus libertades" (los terroristas).

¿Qué nos dice esta obscena exhibición de Hitchens a la cual podemos acceder incluso en el formato de vídeo? ¿Por qué hoy se habla tranquilamente de la tortura y hay quienes incluso la legitiman abiertamente? ¿En cuál lejano rincón de nuestra conciencia ha quedado relegada la memoria colectiva de los atropellos de los regímenes que utilizaron la tortura como instrumento de gobierno? La respuesta más lúcida a estas preguntas nos la da el filósofo esloveno Slavoj Zizek:

"La moralidad no es nunca una cuestión exclusiva de la conciencia individual; sólo puede florecer si se apoya sobre lo que Hegel llamaba 'el espíritu objetivo' o la 'sustancia de las costumbres', la serie de normas no escritas que constituyen el trasfondo de la actividad de cada individuo y nos dicen lo que es aceptable y lo que es inaceptable. Por ejemplo, una señal de progreso en nuestras sociedades es que no es necesario presentar argumentos contra la violación: todo el mundo tiene claro que la violación es algo malo, y todos sentimos que es excesivo incluso razonar en su contra. Si alguno pretendiera defender la legitimidad de la violación, sería triste que otro tuviera que argumentar en su contra; se descalificaría a sí mismo. Y lo mismo debería ocurrir con la tortura. Por ese motivo, las mayores víctimas de la tortura reconocida públicamente somos todos nosotros, los ciudadanos a los que se nos informa. Aunque en nuestra mayoría sigamos oponiéndonos a ella, somos conscientes de que hemos perdido de forma irremediable una parte muy valiosa de nuestra identidad colectiva. Nos encontramos en medio de un proceso de corrupción moral: quienes están en el poder están tratando de romper una parte de nuestra columna vertebral ética, sofocar y deshacer lo que es seguramente el mayor triunfo de la civilización: el desarrollo de nuestra sensibilidad moral espontánea".

Esta corrupción moral a la que se refiere Zizek ha alcanzado a la comunidad de juristas, supuestos guardianes de los valores morales y jurídicos que inspiran el Estado de Derecho. Uno de los primeros en debatir la tortura en el plano académico y legitimarla desde la óptica jurídica lo fue el reputado profesor alemán Niklas Luhmann, quien ya en 1992 afirmaba que si un terrorista es capturado antes de que una bomba de tiempo explote, es perfectamente admisible levantar la norma irrenunciable de la dignidad humana en esa circunstancia, para así obtener la confesión sobre la ubicación de la bomba y la manera de desactivarla. Luhmann sugirió entonces la aplicación de tortura bajo la supervisión de jueces internacionales, observación televisada de la escena, y dirección a distancia mediante el uso de dispositivos de telecomunicación.

Posteriormente, otros juristas alemanes, tales como Winfried Brugger, han llegado al extremo de afirmar que hay "un deber del Estado a torturar en legítima defensa de terceros", sin olvidar que los defensores del "Derecho penal del enemigo" justifican que a un terrorista considerado "no-persona" se le niegue el derecho a no ser torturado.

Por si esto fuera poco, el abogado estadounidense Allan Dershowitz justifica la tortura siempre y cuando se cuente con autorización judicial, en tanto que el intelectual canadiense Michael Ignatieff la considera un "mal menor".

Hoy el recurso a la tortura –nunca legítima, siempre condenable– se pretende cínicamente elevar a principio universal, con lo que se ignora adrede que la dignidad humana, aún de los seres humanos más despreciables e indeseables, es un valor irrenunciable de nuestra civilización.

2.5 La expansión del Derecho Penal

El Derecho Penal aparece en el populismo penal no como la *ultima ratio* sino como el mecanismo ideal para ordenar la sociedad. Por eso se sancionan desde los delitos bagatela hasta aquellas conductas que bastaría con que fuesen reprimidas civil o administrativamente para que se alcanzasen los objetivos de pacificación social del ordenamiento. A fin de cuentas, el Código Penal se convierte en el compendio de fracasos de una sociedad.

2.6 El quiebre de la función de la pena y el destierro del principio de culpabilidad

El populismo penal conduce a concebir el fin de la pena al margen del principio de culpabilidad. Un ejemplo reciente ilustra esta aseveración:

Según Ricardo Rojas León, "hace siglo y medio que fue superada la contribución retribucionista, que asignaba a las sanciones la función de 'compensar', 'expiar' o 'borrar' el delito mediante un castigo" y, de la mano del gran Claus Roxin, observa que "el centro de gravedad de la función que se le asigna a la pena se ha desplazado de la prevención especial a la general". Esta prevención general consiste en que la pena sea, "por sus consecuencias, (…) capaz de intimidar, de disuadir a otros eventuales infractores o autores de los delitos cuya comisión se pretende evitar o reducir". De ahí concluye Rojas León que "una sanción contra un delito como el fraude bancario tiene que ser lo suficientemente ejemplarizadora como para desincentivar su repetición", pues "si un fraude bancario es sancionado con una pena ínfima el juzgador lo que estará haciendo es incentivar la comisión de nuevos fraudes bancarios".

Esta teoría de la prevención general es muy socorrida en los casos de delitos económicos pues en estos casos el infractor puede hacer una ponderación de costos y beneficios de su actuación, en la medida que, en los mismos, el infractor cumple a cabalidad el modelo de sujeto que actúa racionalmente.

La prevención general como fin de la pena presenta, sin embargo, peligros insoslayables. El más grave de ellos es que los jueces, preocupados por el efecto intimidatorio de las penas que imponen, se ven tentados a abandonar el principio de culpabilidad, adoptando un criterio decisionista que parte de una sensibilidad extrema a las situaciones emotivas o subjetivas de la comunidad. Por si esto fuera poco, la prevención general conduce a instrumentalizar a la persona en la medida en que se usa la pena como sufrimiento impuesto a un ser humano en aras de los fines sociales de otros hombres. En otras palabras, la prevención general conduce al terror penal.

Es por lo anterior que autores como Roxin proponen una teoría de la pena que precisa la función que cumple la pena en cada momento de su existencia. En el momento de la norma penal, es decir, de la consagración a nivel legislativo del ilícito penal, la pena cumple una función de prevención general; en el momento de la imposición de la pena por el juez, los fines preventivos están limitados por la culpabilidad del autor en un caso particular; y en el momento de la ejecución penal adquieren relevancia los fines de resocialización.

En otras palabras, no se puede recurrir a cualquier fin de la pena, sino que, en función del momento en que nos encontremos, unos fines resultan preponderantes sobre otros. De ahí que, aunque la pena de un determinado delito busque los fines preventivos de que no se cometan otros delitos similares, no por ello puede justificarse que, en un caso concreto, se imponga la pena máxima que exigirían tales propósitos preventivos. El límite de la imposición judicial de la pena es el principio de culpabilidad. El delito no puede construirse sin culpabilidad del autor y tampoco con cualquier forma de culpabilidad. Es cierto que la pena debe ejercer un efecto preventivo pero este criterio no puede fundar la imputación penal. La determinación judicial de la pena no puede ser arbitraria e irracional pues se trata de un acto jurisdiccional que debe estar basado en Derecho y rigurosamente fundado sobre criterios racionales.

Pues bien, el populismo penal conduce a una visión preventivo-general de la pena que hace que el juez, guiado exclusivamente por los fines de intimidación, imponga la pena como confirmación de la amenaza penal y deje de lado la cuestión esencial de la culpabilidad del autor.

2.7 Mano dura o la disminución de las garantías

Por otro lado, el populismo penal apela abiertamente a la "mano dura", es decir, a la política de reducción de las garantías penales y procesales, la cual se asocia con una aparente eficacia en la persecución criminal. Pero esta política nunca ha sido eficaz en términos reales. A lo más que ha conducido es a tranquilizar a la sociedad, la cual se siente segura en virtud de una política criminal simbólica. Se trata de un Derecho Penal de la emergencia, de las soluciones fáciles y cosméticas, de la lógica bélica que convierte al delincuente en un enemigo al cual no hay que juzgar y condenar sino eliminar por cualquier medio.

¿Por qué es popular la política de mano dura? La respuesta es sencilla: la vigencia de una cultura autoritaria permite a los políticos captar votos de un electorado sediento de soluciones radicales. Por su parte, los operadores del sistema penal –en especial sectores policiales–, con el apoyo expreso o tácito de algunos medios de comunicación, se sienten descargados de responsabilidad y expresamente autorizados para combatir la delincuencia con más delincuencia.

Y es que, en el fondo, lo que la mano dura significa es el retorno al sistema de venganza privada, tomarse la justicia en las manos, saltarse los procedimientos legales establecidos para la protección de los presuntos inocentes y las víctimas y ejecutar a cuanta persona se considere un "antisocial".

Sin embargo, hay todo un sector, cada día más extendido, de la doctrina penal y de la opinión pública que critica el discurso y la política de la mano dura. Más allá de la evidente injusticia e ilegalidad de éstos, por lo menos desde la óptica de un Estado de Derecho, es claro que la mano dura no logra controlar la criminalidad. Ello así, en primer lugar, porque el actual sistema reproduce *ad infinitum* el número de delincuentes y de estereotipos delincuenciales fundados en la pobreza y en la marginalidad. En segundo lugar, porque la mano dura no enfrenta la delincuencia organizada, transnacional y de cuello blanco que, por su poderío, escapa a una política diseñada para combatir sectores vulnerables. Y, en tercer lugar, porque esta política perpetua el atraso policial e impide la reforma, tecnificación y fortalecimiento del cuerpo policial.

Se puede decir, en consecuencia, que la mano dura ha sido un fracaso y la mejor evidencia de ello es que, tras cientos de muertos, heridos y lisiados a consecuencia de "intercambios de disparos" y disparos a las rodillas, lo que hemos llamado nuestra "guerra sucia", el nivel de violencia y criminalidad, lejos de haber disminuido se incrementa, como revelan los reportes de la prensa y las precarias estadísticas disponibles. El único éxito que puede exhibir la mano dura es la percepción de seguridad que produce una política que se inscribe claramente en la lógica del cortoplacismo del Derecho penal simbólico y del autoritarismo del Derecho Penal del enemigo.

Algún día se escribirá la historia de esta política doblemente criminal. Cuando eso ocurra, se sabrá como los "incontrolables" del régimen de los Doce Años (1966-1978) se alimentaron de las fuerzas que condujeron durante 30 años la represión trujillista y cómo los escuadrones que han ejecutado miles de supuestos delincuentes desde 1978 hasta la fecha son las mismas bandas paramilitares recicladas. Esa guerra sucia, que se cuenta en número de cadáveres, de viudas, de hijos y padres victimizados, revela no solo el clima de violación de los derechos fundamentales que ha caracterizado nuestra vida democrática sino, además, el nivel de incompetencia de las autoridades encargadas de la persecución y castigo.

Y es que la añorada mano dura no solo es conculcadora de las libertades públicas sino que tampoco enfrenta verdaderamente ni las causas ni los efectos de la criminalidad. Muy por el contrario, la fomenta, pues hay una clara relación entre complicidad e incompetencia policial, por un lado, y criminalidad por otro. Por eso, hay que apoyar los esfuerzos destinados a lograr una policía no sólo garantista sino también eficaz. El país quiere una policía con recursos humanos y materiales adecuados que pueda prevenir y combatir la violación a la ley a través de la capacidad disuasiva, basada en el entrenamiento, la logística, el poder de fuego y la superioridad técnica y numérica, y que, además, se encuentre debidamente articulada con el Ministerio Público y el resto del sistema penal.

2.8 El Derecho Penal simbólico

El populismo penal propicia la asunción del Derecho Penal como Derecho simbólico. Esta función simbólica del Derecho Penal implica que, más allá del cumplimiento real y efectivo de las normas penales, lo que se busca es la producción en la opinión pública de la impresión de un legislador atento y decidido. En otras palabras, se busca no tanto una mayor protección penal de bienes jurídicos sino un mayor efecto retórico a través de la consagración de nuevos tipos penales o de llamados al decisionismo judicial. Los cambios legislativos que proponen los populistas penales asumen a la ley como simple mecanismo de comunicación, lo cual demuestra que estamos en presencia de una sobrepuja demagógica más que ante un legislador preocupado por la aplicación efectiva de las disposiciones votadas.

Es importante señalar respecto a los efectos simbólicos del Derecho Penal lo indicado por Jesús María Silva Sánchez: "Por mucha que sea la trascendencia de lo simbólico en nuestro entorno social, a la larga lo simbólico no es suficiente. Así, una nueva norma o un incremento de penalidad que, en principio, han tenido importantes efectos en cuanto al establecimiento o reestablecimiento de la confianza de la población en el ordenamiento jurídico, a medio o largo plazo pierden toda fiabilidad con su inaplicación o su ineficacia. En definitiva, pues, la legislación simbólica es rechazable pues, a corto plazo, cumple funciones educativas/promocionales/de integración, que ya hemos valorado negativamente; y a largo plazo, redunda incluso en una pérdida de fiabilidad del ordenamiento en su conjunto, bloqueando las funciones instrumentales del mismo".

2.9 El populismo mediático

El populismo penal es un aliado de los medios de comunicación. Todo populismo penal es populismo mediático. Esta mezcla es fatal porque el código de los medios –la noticia– corrompe el código de la justicia penal que es la presunción de inocencia.

En otros países, los jueces se atreven a ser impopulares porque se sienten inmunes a los clamores de linchamiento provenientes de la ciudadanía. Por eso, hay una tensión entre prensa y justicia que es sana y que sirve de real contrapeso de los poderes. En República Dominicana, sin embargo, muchos jueces son aliados incondicionales de los medios y sus decisiones están pesadas en la balanza de la opinión pública que indica sobre quien recae la presunción de culpabilidad. Por eso, muchos piensan que, ante jueces populistas, el único camino parecería ser la desobediencia civil y la resistencia legítima a la opresión judicial.

2.10 El discurso y los medios de la guerra

Uno de los signos más ominosos del populismo penal es que el Estado adopta el discurso y los medios de la guerra, otrora restringidos al campo de las relaciones interestatales, y lo traslada al ámbito interno de las naciones. La tendencia inició en Estados Unidos cuando Richard Nixon declaró la guerra contra las drogas en los 70 del siglo XX y se extendió a América Latina donde ya la tendencia había asomado y alcanzó su máxima expresión con la doctrina de la seguridad nacional de los regímenes burocrático-autoritarios que prevalecieron en la región desde temprano en los 60 hasta finales de los 80 del siglo pasado.

Cuando el Estado adopta con relación a los que habitan en su territorio los medios y el discurso de la guerra, lo que prevalece es la lógica del amigo/enemigo (Schmitt). Con dos datos fundamentales que tipifican al moderno Estado policial: el enemigo es difuso porque está disperso o cambia constantemente y ello obliga a una guerra indefinida, una guerra permanente. Cuando el enemigo es el guerrillero o el terrorista, el Estado olvida las leyes de la guerra y se involucra en una guerra sucia que conduce a y habilita el terrorismo de Estado. Si el enemigo es el delincuente, se eliminan las garantías del debido proceso y se generaliza el estado de excepción. Como bien expresa Raúl Zaffaroni, "así como la guerrilla habilitaba el terrorismo de estado y el consiguiente asesinato oficial, el delito habilitaría el crimen de estado".

Hoy las guerras interestatales se conducen con el discurso y los instrumentos de la acción policial y esta última se desarrolla a partir de la retórica y los medios de la guerra. Si la guerra fue en tiempos de Carl von Clausewitz la política por otros medios, hoy la política es la guerra por otros medios. Y la política criminal no escapa a esta característica medular del nuevo orden emergente: los operadores del sistema penal proyectan el poder punitivo del Estado como una guerra a los delincuentes. Esta guerra tiene sus estadísticas: número de enemigos (delincuentes) muertos, soldados (policías) caídos en el cumplimiento de su deber.

El discurso de la guerra contra la delincuencia obvia, sin embargo, un dato importante: quienes mueren pertenecen a los estratos más pobres y excluidos de la población. Incluyendo a los policías, que, después de las víctimas de los delitos, es el segmento poblacional que corre mayores riesgos de vida en el sistema penal. Quizás detrás de todo haya una lógica perversa de control social: que se maten los pobres y los excluidos entre ellos.

Esta ideología de la seguridad ciudadana a la cañona es una de las mayores amenazas al Estado de Derecho contemporáneo. Y ello así por varias razones: porque recorta las garantías constitucionales y generaliza el estado de emergencia constitucional; porque socava la independencia judicial y convierte al juez en un ejecutor de la política criminal trazada por el ejecutivo; porque potencia los miedos y los espacios paranoicos; porque aumenta la violencia e impide la resolución alternativa de los conflictos; porque criminaliza a los excluidos y evita resarcir a las víctimas; porque devalúa la dignidad humana; porque fomenta el autoritarismo al proyectar a los críticos de los abusos del poder como representantes de los delincuentes; porque aumenta la violencia y la exclusión social; y porque obstaculiza lograr la seguridad ciudadana sin desmedro de las libertades.

Ante esta situación, ¿qué hacer? O para interrogarnos en palabras de Luigi Ferrajoli, "¿cuáles son, más allá del derecho de resistencia, los remedios para las lesiones de los derechos fundamentales producidas por la criminalidad y la impunidad de los mismos estados que deberían garantizarlos? En otras palabras, ¿qué defensas tiene el ciudadano del estado 'delincuente' en el caso de que sea inefectivo frente a él el Derecho Penal y el Derecho Procesal interno?". En teoría, el Derecho Internacional de los derechos humanos debería bastar para domesticar el Estado delincuente y los "macropoderes salvajes". El verdadero problema, sin embargo, es que precisamente la globalización del estado de excepción tras 11/9/01 ha vuelto inefectivo el Derecho Internacional al punto de su evanescencia y, por si fuera poco, la erosión progresiva del principio de soberanía dificulta una respuesta estatal a la cuestión.

2.11 El populismo penal como el discurso de la posmodernidad autoritaria: de la limitación de la ciudadanía a la eliminación de la condición de persona.

Finalmente, debemos referirnos a una característica esencial del populismo penal como la retórica del nuevo Derecho Penal. El discurso populista penal se legitima en la proclamación de un estado de excepción global por los Estados Unidos, que no ha tardado en ser validado por muchas de las potencias europeas. Este estado de excepción mundial se funda, en el plano penal, en las siguientes medidas:

• Adopción de una legislación antiterrorista en un tiempo récord que permite un gran margen de maniobra a la policía y a los cuerpos de orden público.

• Iniciativa destinada a que se implanten, en distintas partes del mundo, tribunales militares norteamericanos que puedan juzgar a quienes sean considerados terroristas.

• Solicitud de inmunidad respecto de la jurisdicción del Tribunal Penal Internacional para los militares norteamericanos que sean detenidos en cualquier parte del mundo y acusados de crímenes de guerra y/o semejantes.

• Supresión del secreto en las comunicaciones entre detenidos y sus abogados.

• Posibilidad de detención indefinida sin cargos.

• Prohibición a las partes de un proceso para que puedan tener acceso a los documentos de la acusación.

• Derogación de la necesidad de que una actividad probatoria demuestre claramente la culpabilidad de un acusado de terrorismo (pues basta con "la convicción razonable del tribunal").

• Desaparición del recurso de apelación en este tipo de procesos.

• Debate y aprobación a la necesidad de recurrir a ciertas formas de tortura con autorización ejecutiva o judicial, con la finalidad de evitar un mal mayor.

• Controles y requisas a pasajeros y turistas que accedan al territorio norteamericano.

• Mayores controles migratorios.

A este Derecho de excepción sus propiciadores con orgullo le llamaron el "Derecho de la selva". Las expresiones más tangibles y elocuentes de este Derecho son Guantánamo y Abu Graibh. Estas son "zonas del no Derecho", lugares en donde rige sin límites el poder absoluto de la presidencia imperial.

Es preciso enfatizar que el populismo penal y el Derecho Penal del enemigo que éste conlleva como expresión más radical pone en entredicho las nociones de personalidad jurídica y de ciudadanía. El sociólogo Thomas H. Marshall no imaginaba cuantas confusiones se originarían cuando en 1950 definió la ciudadanía como "un status atribuido a quienes son miembros de pleno derecho de una determinada comunidad". Con esa definición, se asoció al status de ciudadano el conjunto de derechos que, en sentido general, desde la Revolución francesa, se atribuyen a las personas, de modo que se asimiló el status de la ciudadanía política al status de la personalidad jurídica. Es por esa confusión subyacente en la doctrina sociológica de la ciudadanía que muchos hablan de "derechos ciudadanos" como equivalentes de "derechos fundamentales" o "derechos humanos".

Pero lo cierto es que, conforme a los ordenamientos jurídicos positivos nacionales y supranacionales, los derechos políticos se atribuyen al ciudadano y el resto de los derechos fundamentales se confieren a las personas, independientemente de si son ciudadanos o no. Cuando se niega esto, cuando se confunde ciudadano con persona, como hace la sociología desde Marshall, se legitima la exclusión del sistema de derechos fundamentales de los no ciudadanos.

Más coherente nos parece la posición de Hannah Arendt cuando afirma que los derechos humanos parecerían no tener sentido al margen de la ciudadanía política. En efecto, "el ser humano que ha perdido su lugar en una comunidad, su status político en la lucha de su época y la personalidad legal que hace de sus acciones y de parte de su destino un conjunto consistente, queda abandonado con aquellas cualidades que normalmente sólo pueden destacar en la esfera de la vida privada y que deben permanecer indiferenciadas, simplemente existentes, en todas las cuestiones de carácter público". En otras palabras, para Arendt, quien pierde el status de ciudadano queda reducido a la simple "bios" de Foucault, a la "nuda vida" de Agamben.

Esta tesis de Arendt fue acogida bien temprano por la jurisprudencia constitucional norteamericana, la que llegaría a decir, a través del voto minoritario discordante del juez Warren de la Suprema Corte, en el caso *Pérez vs. Brownell* (1958), lo siguiente: "La ciudadanía es el derecho básico del hombre, en cuanto es nada menos que el derecho a tener derechos. Suprímase ese bien inestimable y lo que queda es un apátrida, humillado y degradado a los ojos de sus compatriotas. No tiene derecho a la protección jurídica de ninguna nación, y ninguna nación afirmará sus derechos en su nombre".

¿Podemos concordar con Arendt y admitir que la ciudadanía es el derecho a tener derechos? Pensamos que no, pues confundir el status del ciudadano con el de la persona a lo que conduce es a negar la universalidad de los derechos fundamentales, condicionando éstos, como bien explica Ferrajoli, "a la ciudadanía con independencia del hecho de que casi todos, exceptuados los derechos políticos y algunos derechos sociales, son atribuidos por el derecho positivo –tanto estatal como internacional– no solo a los ciudadanos sino a todas las personas".

La evidencia más clara de que son las personas y no los ciudadanos los verdaderos titulares del más amplio número de derechos es el empeño de los propulsores del Derecho Penal del enemigo por negar la cualidad de persona a determinadas categorías de seres humanos. Para Jakobs, "los enemigos no son efectivamente personas". A estos enemigos, sean terroristas o narcotraficantes, delincuentes de cuello blanco o criminales internacionales, no hay que respetarles las garantías constitucionales mínimas que aseguran un proceso y pena justos. Se olvida así que, como bien señala Ferrajoli, "la razón jurídica del estado de derecho, en efecto, no conoce enemigos y amigos, sino solo culpables o inocentes".

Pero por lo menos los teóricos del Derecho Penal del enemigo son sinceros y reconocen que la persona y no el ciudadano es el sujeto por antonomasia de la universalidad de los derechos fundamentales. Reservando las garantías constitucionales a los amigos y negándoselas a los enemigos, reconocen que el verdadero derecho a tener derechos es intrínseco a la persona y no al ciudadano. Pensar que solo el ciudadano tiene derechos a lo único que nos conduce es a un nacionalismo basado en "la exclusión del otro" (Habermas), pues, para tener derechos, habría que ser ciudadano, en tanto que la ciudadanía sólo tiene sentido si y solo si existen no ciudadanos. El Derecho Penal del enemigo, sin embargo, erosiona la base misma de la convivencia humana en un Estado de Derecho pues niega la condición de persona jurídica dotada de derechos a los seres humanos reales y concretos. De este modo, tanto la personalidad jurídica de una persona moral como la de una persona física son una simple ficción jurídica que el Derecho puede echar de lado cuando está en presencia de un "enemigo".

2.12 Batman como política del populismo penal

Para muchos de los que han visto la película "Batman: el caballero de la noche" del director Christopher Nolan, se trata de otro espectáculo fílmico de esos a que nos tiene acostumbrados Hollywood con sus megaproducciones basadas en superhéroes de los comics. Pero más allá de ser eso, esta película es, sin lugar a dudas, una obra que puede ser interpretada semiológica, escatológica, teológica, filosófica y políticamente. En lo que respecta a la política que subyace tras Batman, ésta puede ser sintetizada en la legitimación del estado de excepción para el combate del terrorismo y el crimen.

Esto queda clarísimo desde el momento de la concepción del héroe. Batman es un paramilitar cuyas acciones encubiertas o no implican el amplio uso de la violencia. Se trata de un vigilante que no rinde cuentas a nadie, que tortura, que al hacer la justicia con sus propias manos viola constantemente las reglas del Estado de Derecho y del derecho fundamental al debido proceso, que se entromete en el trabajo policial y del Ministerio Público, que secuestra ciudadanos en el extranjero para presentarlos ante los jueces de Gótica, que viola el secreto de las telecomunicaciones y que provoca inmensos daños colaterales con sus actuaciones.

Es por ello que el fiscal Harvey Dent compara a Batman con un dictador romano que es elevado al poder en tiempos de crisis para tomar las medidas excepcionales que los gobernantes de los tiempos ordinarios no pueden tomar. Aquí la referencia a la doctrina del estado de excepción y a Carl Schmitt es más que evidente: Batman, con su guerra contra el crimen ordinario de los mafiosos de siempre y contra el extraordinario terrorismo del Guasón, no solo se erige en un supervigilante sino que además usurpa el proceso democrático. No por azar Bruce Wayne decide obtener financiamiento vitalicio de los ricos de Gótica a favor de Dent y su cruzada contra el crimen. La idea es que Dent no tenga que contar con apoyo popular para sus actuaciones.

No es que Batman esté desprovisto de valores morales. Su código de ética, lo que hace que el héroe no se convierta en un villano, es que no mata, hace prevalecer el interés público sobre el personal, está dispuesto a entregarse a la justicia y, contrario al Guasón, tiene capacidad autocrítica. Por eso el Guasón entiende por qué Batman no lo mata: "Verdaderamente eres incorruptible, no es así?"

Lo paradójico es que los terroristas necesitan al dictador excepcional como una manera de legitimarse y probar la hipocresía del liberalismo. Es por ello que el Guasón le espeta a Batman: "No te quiero matar. ¿Qué haría yo sin ti?". Su "experimento social" es simple: "Introduce un poco de anarquía… Altera el orden establecido… Bien, luego todo el mundo se vuelve loco". Es la lógica del terror: a la larga, los demócratas que combaten el terrorismo se convierten en villanos. "O tu mueres como héroe o vives lo suficiente para verte convertido en villano", dice Dent a su novia. Como bien afirmó Jonathan Alter, tras el 11-S, al justificar las medidas excepcionales contra el terrorismo, "nadie dijo que esto iba a ser bello".

El discurso de Batman es que las democracias necesitan dictadores excepcionales que se ensucien las manos limpiando la casa de los terroristas y los criminales que amenazan a los buenos ciudadanos y a las leyes ordinarias que los villanos no respetan. O para decirlo con las palabras de Slavoj Zizek: "La vigencia universal e incondicional de la Ley solo puede ser sostenida por un poder soberano que se reserve el derecho a proclamar un estado de excepción, es decir, suspender la vigencia de las leyes a favor de la propia Ley".

El problema es que cuando se acude a mecanismos excepcionales como la tortura y la intercepción de las telecomunicaciones privadas el estado de excepción activado se prolonga indefinidamente y la excepción se vuelve ordinaria y permanente. Zizek ya lo ha dicho: si el único camino de mantener el orden es transgredir el orden, entonces "el precio que pagamos por esto es que el orden que sobrevive en consecuencia es una burla de sí mismo, una imitación blasfema del orden". Y eso es precisamente lo que caracteriza al orden populista: ser una burla grotesca del verdadero orden que no puede ser nunca orden legítimo en ausencia de la libertad.

3. LOS EFECTOS DEL POPULISMO PENAL SOBRE LA GARANTÍA CONSTITUCIONAL DEL DEBIDO PROCESO

3.1 La transformación del sistema procesal penal

La entrada en vigor del Código Procesal Penal activó mecanismos sociales de rechazo previsibles si partimos de que dicha ley significó una transformación radical de la política criminal y del sistema de justicia penal, por siglos atrapados en las redes de una cultura autoritaria y de una política criminal basada en el Derecho penal simbólico, en la negación de las libertades y en la criminalización de la pobreza.

Si hacemos caso a los portavoces de la nostalgia del orden sin libertad, la implementación del nuevo Código ha conllevado un aumento de la criminalidad y la violencia, las que estaban en absoluto control en el viejo régimen procesal. La realidad es que hoy la criminalidad y la violencia son ostensibles por la transparencia inherente a la reforma policial, que ha mostrado que carecemos de una policía efectiva, y por la consagración de la presunción de inocencia como código operativo de la justicia penal, que revela las deficiencias de una acusación que no está en condiciones de probar la culpabilidad y de unos jueces que sólo pueden condenar de manera decisionista y no en base a pruebas que nunca llegan a juicio.

Lo cierto es que el viejo Código propiciaba una fiscalía débil, una jurisdicción de instrucción anfibia (mitad policía, mitad justicia) que congelaba los expedientes, una justicia que sólo despachaba prescripciones (evidencia dramática del colapso de una justicia en mora estructural como demostró el proceso de liquidación de los casos penales instruidos bajo el viejo Código de Procedimiento Criminal), un sistema carcelario en donde los presuntos inocentes esperaban en la sala judicial de la cárcel preventiva (que actuaba como pena anticipada sin juicio), y un régimen normativo incapaz de lidiar con los casos complejos y la criminalidad organizada (pues estaba preocupado únicamente por los delitos bagatela). El Código nuevo, bien aplicado y con operadores del sistema dotados de recursos materiales y humanos adecuados y suficientes, permite, sin embargo, concentrar los esfuerzos de la política criminal en la delincuencia que más daño hace a la sociedad.

Hasta ahora, hemos vivido en la ilusión de que hay justicia porque presuntos culpables guardan prisión provisionalmente y tenemos la única policía del mundo que, presionada por la opinión pública, atrapa en menos de 24 horas a los sospechosos habituales, lo que explica por qué en República Dominicana es imposible que surja el género literario de la novela policial: los detectives solo son necesarios cuando los culpables no son descubiertos antes de que se enfríe el cuerpo de la víctima. Este espejismo de eficacia esconde, sin embargo, una impunidad estructural que sólo puede ser combatida con una policía y una justicia garantistas pero efectivas. Con el Código Procesal Penal y los recursos humanos y materiales necesarios (porque la justicia cuesta), están sentadas las bases para la transformación de la justicia penal y para la implementación de una política criminal cónsone con un Estado de Derecho.

3.2 El retorno del autoritarismo penal

No hay dudas que la República Dominicana dio un salto dialéctico al aprobar y poner en vigor el Código Procesal Penal que derogó el anacrónico Código de Procedimiento Criminal. Tras toda una vida republicana caracterizada por un desfase entre el modelo acusatorio y garantista plasmado en la Constitución de 1844 y el modelo inquisitorio y autoritario de la legislación procesal adjetiva, los dominicanos decidimos hacer realidad uno de los más viejos ideales del Estado de Derecho: la existencia de una justicia penal pública, imparcial, oral, contradictoria, rápida y basada en la presunción de inocencia.

El impacto de la nueva legislación no tardó en hacerse sentir. La rapidez de los procesos, el rediseño de las salas de audiencia que eliminó el infame "banquillo de los acusados" y equiparó arquitectónicamente a las partes en el proceso, y el control judicial de las medidas de coerción sobre los imputados son todas consecuencias positivas del nuevo régimen procesal penal. Sin embargo, el influjo de una perniciosa cultura jurídica inquisitorial y ritual y la resistencia de los poderes a la nueva legislación gracias a la fuerza expansiva del populismo penal han condicionado la vigencia efectiva de muchas de las disposiciones del Código Procesal Penal.

Para muestra bastan algunos ejemplos que evidencian que la cultura procesal inquisitorial está erosionando, en las propias narices de la Suprema Corte de Justicia y de la sociedad civil que ha impulsado la reforma procesal penal, los precarios logros que para la libertad, el debido proceso y el Estado de Derecho conquistó el Código Procesal Penal. Si no se produce una reacción jurisprudencial rápida frente a esta lamentable evolución, en pocos años estaremos en iguales o peores condiciones que cuando intervino la reforma. Porque, como bien lo saben los abogados de todos los tiempos, una norma jurídica perfectamente válida es irrelevante cuando no es socialmente efectiva. Y aquí, como en muchas áreas de nuestro Derecho, el ser está eliminando el deber ser al extremo de que ya comienza a exigirse no lo que es debido sino lo que fácticamente imponen los poderes penales salvajes. Veamos...

3.2.1 Medidas de coerción. Ya sabemos que el Código no solo ha sometido a control judicial la imposición de las mismas sino que ha consagrado todo un menú de opciones de coerción que van desde la presentación de garantías económicas y la obligación de presentarse a juez periódicamente hasta la prisión preventiva. Sin embargo, lo que vemos en la práctica judicial que sufrimos todos los días es que tanto el Ministerio Público como los jueces solo saben solicitar y establecer la prisión preventiva como medida de coerción. Peor aún, a pesar de que el Código es claro en cuanto a que tales medidas solo proceden si y solo si existen elementos de pruebas suficientes, hay peligro de fuga y la infracción está reprimida con pena privativa de libertad, los jueces acostumbran a despacharse con resoluciones que imponen medidas de coerción, sin estar reunidas todas y cada una de estas circunstancias o no estar configuradas conforme la descripción que el propio Código ofrece. Se trata de jueces "sin embarguistas": reconocen que existen estas garantías a favor del justiciable, pero, sin embargo, en aras de la seguridad pública imponen las medidas de coerción a pesar de que éstas no proceden, como lo admiten –para asombro de todos, incluyendo los fiscales– muchas veces en sus resoluciones.

3.2.2 El plazo de las 24 horas. Otro ejemplo de desnaturalización de los preceptos del Código Procesal Penal lo ofrece la disposición que ordena que las personas arrestadas deben ser llevadas en un plazo de 24 horas ante un juez para que ordene la prisión o la puesta en libertad. Jueces y fiscales se han puesto de acuerdo para considerar que este plazo legal es violatorio del plazo de las 48 horas establecido por el artículo 40.5 de la Constitución. Con esta interpretación medalaganaria y autoritaria, estos operadores del sistema judicial pasan por alto adrede que los derechos fundamentales, en este caso la libertad física, deben ser interpretados a favor de la persona (*in dubio pro homine*) y a favor de la libertad (*in dubio pro libertate*), como bien ha establecido la jurisprudencia internacional de los derechos humanos. Sobra indicar que esta jurisprudencia, como bien ha establecido la Suprema Corte de Justicia en su Resolución 1920-2003, –despectiva y peyorativamente bautizada por los jueces y fiscales trujillistas como el Poema 20, en alusión a que esta resolución es tan solo poesía, como los 20 poemas de amor y una canción desesperada de Pablo Neruda– es vinculante para la República Dominicana.

3.2.3 El plazo razonable. Para algunos es inconstitucional, por irrazonable, la disposición del artículo 241.3 del Código Procesal Penal que establece que la prisión preventiva finaliza "cuando su duración exceda de doce meses". Así Gregory Castellanos Ruano afirma que "jamás sería razonable para la comunidad que vencido el plazo de prisión preventiva no haya seguridad de que el imputado esté presente en el procedimiento". En apoyo de su tesis, cita incluso dos decisiones recientes de jueces de primera instancia –que, al parecer, se inspiran en jurisprudencia de la Suprema Corte de Justicia–, en donde, a la luz del artículo 8.5 de la Constitución de 1966 (artículo 40.15 de la Constitución de 2010), que establece que la ley "no puede ordenar más que lo que es justo y útil para la comunidad", se declara inconstitucional la citada disposición legal.

La tesis de Castellanos Ruano, que es compartida por una parte importante de la judicatura penal dominicana, es una clara muestra de cómo quienes añoran una derogación o modificación del Código Procesal Penal, a fin de retornarnos al sistema inquisitorial del viejo Código de Procedimiento Criminal, están realmente perdiendo su tiempo, pues muchos jueces penales, imbuidos de ese terrible populismo penal que entiende que no debe reconocérsele ningún derecho a los presuntos culpables, han derogado, sin molestarse en esperar al legislador, todas aquellas disposiciones garantistas del Código y han permitido que, en la práctica, permanezcan las mismas prácticas represivas e inconstitucionales que motivaron la reforma procesal penal.

No salimos de nuestro asombro. ¿Cómo puede justificarse que, en base a un principio de razonabilidad que fue reconocido para limitar el poder sancionador del Estado, se amplíen las potestades punitivas del Estado al extremo de que una regla procesal tan clara como la de que la prisión preventiva no debe extenderse más allá de 12 meses se considere no escrita? Por ese camino, todas las garantías procesales a favor del imputado podrán ser derogadas, porque siempre los jueces encontrarán razones para entender que estas garantías son injustas y perjudiciales para la comunidad.

Hay que insistir en que la razonabilidad es un límite a los límites legislativos a los derechos fundamentales y no una licencia para limitar estos derechos. Además, según el ordenamiento internacional de los derechos humanos y el propio Código Procesal Penal, la libertad es la regla y la prisión es la excepción. ¿Quién dijo que el Estado no puede procesar y juzgar a una persona mientras ésta se encuentre en libertad? ¿De dónde se saca la idea de que la prisión preventiva es la única medida de coerción que puede imponerse, aún vencido el plazo de la misma? El plazo de los 12 meses lo que busca es evitar que el Estado condene anticipadamente sin juicio a las personas, porque eso es lo que, en el fondo, constituye una prisión provisional prolongada indefinidamente en el tiempo.

Los derechos no son irrazonables como pretende Castellanos Ruano. Irrazonable es derogar una regla clara a favor del imputado sobre la base de que perjudica a la comunidad. Es un error garrafal ampararse en la jurisprudencia internacional sobre el plazo razonable para afirmar que la prisión preventiva cesa a los 12 meses, salvo que el imputado, con su defensa, haya causado un retraso en el proceso. Esa jurisprudencia solo es válida allí donde la ley no establece un límite expreso a la duración de la prisión preventiva. Pero ese no es el caso de la República Dominicana: aquí la prisión preventiva debe cesar a los 12 meses. Lo insólito es que hay quienes también se oponen a esta distorsionada jurisprudencia porque entienden que este plazo perentorio per se es inconstitucional por perjudicar a la sociedad.

Los derechos deben interpretarse siempre en el sentido más favorable a su titular y a la libertad. Es irrazonable prolongar la prisión preventiva más allá del plazo legal. Lamentablemente, algunos jueces son indiferentes a los valores constitucionales de la libertad y de la legalidad. Esto confirma la sabiduría de la Asamblea Revisora al crear un máximo intérprete de la Constitución –el Tribunal Constitucional– que nos proteja de los perjuicios causados por los prejuicios anticonstitucionales de los jueces ordinarios.

Por otro lado, si observamos la mala fama en nuestro país del Código Procesal Penal, en contraste con los elogios que recibe en todo el mundo, especialmente en lo concerniente al modo coherente y preciso como esta legislación regula la duración del proceso penal, comprobaremos que el viejo adagio no se equivoca: nadie es profeta en su tierra. Para muestra de estas alabanzas, basta un botón. A juicio de Adrian Marchisio, quien ha escrito una obra intitulada "La duración del proceso penal en la República de Argentina", el Código Procesal Penal "ha seguido la línea de los códigos más modernos al establecer un plazo máximo de duración del proceso", lo que, a su juicio, "demuestra la seriedad con que ha sido planteado el tema en la reciente reforma del sistema dominicano".

Gracias a esta regulación, el Código ha permitido disminuir considerablemente la duración de los juicios penales, lo cual no ha conllevado una disminución de la eficiencia de la justicia. Si esta eficiencia la evaluamos en términos de condena, como lo hacen los populistas penales, los datos son reveladores: casi el 80% de las sentencias penales son condenatorias. Nada malo para una legislación a la cual se achaca el incremento de la delincuencia y el clima de inseguridad ciudadana. Sin embargo, algunos quieren echar por el suelo estas conquistas y retornarnos al viejo Código de Procedimiento Criminal, pieza tan "eficiente" que dejó prescribir (morir) alrededor de 200,000 casos.

Lo que se critica ahora es la irrazonabilidad del plazo de 12 meses, límite a la prisión preventiva, como si no pudiera imponerse otra medida de coerción contra el imputado que no fuese la prisión y como si no fuese justo que una persona considerada inocente se le procese en libertad y no se le condene sin juicio anticipadamente. Lógicamente, abogar por la derogación del plazo de la prisión preventiva solo puede hacerse cuando los derechos se piensan en tercera persona, cuando se supone que todo imputado es un presunto delincuente y uno no se pone las sandalias del acusado. Quizá ahora que la clase media es "cliente" de la justicia penal se repiense una contrarreforma populista penal diseñada para las sardinas de nuestro "lumpen proletariado". Pero tememos que se optará por la vía más fácil: la igualdad ante el atropello.

Lamentablemente hay jueces dispuestos a ignorar la ley que establece el plazo y ampliar inconstitucionalmente el mismo en perjuicio del imputado y en provecho de un Estado que necesita presos para que haya procesos, olvidando que, como afirmaba Beccaria en 1769, para que la pena sea justa, "la privación de la libertad no puede preceder a la sentencia". Y todo lo hacen con rebuscados argumentos jurídicos que solo aplican allí donde, al no existir un plazo fatal establecido en la ley, es preciso que el juez establezca la razonabilidad de la duración del proceso o de la prisión preventiva, para así hacer efectivo el derecho del imputado a un juicio razonablemente rápido pero no para alargar su prisión.

Es cierto que cierta jurisprudencia extranjera ha llegado al absurdo de considerar que la violación del plazo legal no es per se ilegitima. Pero reivindicar estos precedentes es tan grotesco como afirmar que es válido negar las garantías procesales a ciertos imputados, porque esa ha sido la práctica reconocida por los tribunales de los Estados Unidos con relación a los prisioneros de Guantánamo. Y es que repugna a la Constitución que, existiendo un plazo legal, el juez derogue el mismo y se invente uno más largo, en franca violación al derecho fundamental del imputado al cese de la prisión preventiva. Como afirma la argentina Melisa Johanna Grippo, "¿para qué establecer un plazo legal, a los fines de adecuar la legislación interna a lo pactado internacionalmente sobre la materia, si después la jurisprudencia relativiza el alcance de la propia ley? ¿No se genera, además de la inseguridad jurídica, una franca e inaceptable violación al principio de la división de poderes?"

Prolongar la prisión preventiva más allá del plazo legal constituye una pena sin juicio previo y una intervención en la esfera de libertad del imputado que ha sido hecha no solo fuera de la ley, sino contra la ley misma que establece esta preciosa garantía procesal.

3.2.4 Víctimas y populismo penal. El país presenció el desacato por parte de la fiscal del Distrito Judicial de Santiago, Yenny Berenice Reynoso, de la sentencia del juez Gabriel Marchena Adames, que ordena la libertad de Pedro Luis Báez Sánchez, acusado de asesinar a Gleiry María Muñoz Báez. Esto es una muestra más de los extremos a donde conduce el populismo penal propugnado por muchos operadores del sistema judicial, organizaciones de la sociedad civil, comunicadores y público en general.

La cuestión aquí no es tanto si el juez Marchena Adames debió o no haber liberado al ciudadano Báez Sánchez. Lo importante aquí es que existía una orden judicial de libertad y que el Ministerio Público, encargado de cumplir y hacer cumplir la ley, debía acatar esa orden. Pero no. La fiscal santiaguense decidió conscientemente violar la ley y así lo reconoció sin tapujos ante la prensa.

¿Qué significa todo esto para el Estado de Derecho reconocido por el artículo 7 de la Constitución? Si quienes son sometidos a la acción de la justicia por el solo hecho de ser procesados ya no tienen derechos, entonces el Derecho Penal, como instrumento de límite al poder pierde todo sentido. Una cosa es que las víctimas tengan un derecho constitucional a vivir sin violencia y a obtener una reparación por el daño sufrido y otra que ellas puedan lograr la satisfacción de esos objetivos a cualquier precio. Si las cosas fuesen así, entonces la Constitución permitiera las pruebas ilícitas y el castigo directo y sin proceso de los acusados. La fiscal Reynoso podrá considerar al ciudadano Báez Sánchez como "un asesino" pero, para el Derecho, toda persona sometida a la persecución penal –aún un confeso asesino cuya confesión pudo haber sido arrancada a la fuerza– debe ser presumido inocente y debe gozar de garantías, entre ellas no ser considerado ni tratado como delincuente hasta que intervenga un fallo judicial definitivo.

Si esta doctrina se impone, si no importa lo que un juez ordene, porque basta que, bajo la "euforia por la víctima", autoridades y sociedad civil se coaliguen para convertir la persecución penal en una guerra civil donde no existe ninguna libertad para el presunto inocente y donde de nada vale lo establecido por la ley, bajo el autoritarismo penal habremos dejado de ser una sociedad decente. Y es que, como bien señala Daniel Pastor, "se desprecia a sí misma una sociedad que está dispuesta a alcanzar sus fines transgrediendo las reglas que ella se ha impuesto".

Es paradójico que organizaciones civiles que se dedican a la defensa de los derechos humanos, en este caso, los derechos de la mujer, sean tan insensibles ante la necesidad de proteger los derechos de los acusados frente al poder punitivo del Estado, como lo demuestra el apoyo de algunos grupos feministas a este descarado desacato. Hay quien diría que estas organizaciones son bipolares: de día defienden los derechos y de noche aplauden su violación. Esta lucha por la pena a cualquier costo, este fetichismo penal, este optimismo frente a la pena, esta defensa de la razón penal del Estado, esta moderna cacería de brujas que une a izquierdas y derechas, esta creencia de que la violencia puede ser combatida con la violencia, explica en gran medida por qué la sociedad civil no ha podido reaccionar efectivamente ante las muertes extrajudiciales, permitiendo que el mismo aparato de incontrolables que diezmó la izquierda en los 70 del siglo pasado hoy, reciclado y con la misma impunidad, deje viudas, huérfanos y madres desoladas por nuestros barrios y campos. ¿Cómo podremos vivir sin violencia como quiere y manda la Constitución si se propugna por la violencia estatal incontrolada todo en aras de satisfacer las pretensiones de las víctimas a que haya justicia aunque sea atropellando la legalidad?

Estas son tonterías para los populistas penales. Y no puede ser de otro modo. Parafraseando a Tom Wolfe, podemos afirmar que "un populista penal es alguien que todavía no ha sido detenido" por la policía. Por eso, los derechos hay que pensarlos en primera persona. Solo así podremos verdaderamente vivir sin la peor violencia que es la violencia de un Estado arbitrario que no reconoce límites a su poder de castigo.

De todos modos, quien se atreva a escribir en contra del populismo penal debe tener las agallas del Juan Bosch a quien Raúl Roa, enterado por el político de que estaba escribiendo un ensayo intitulado "Judas Iscariote, el Calumniado", le dijo: "Sí, escríbelo, que la familia de Judas te lo va a agradecer mucho". En la hora de las víctimas, defender los derechos fundamentales de los acusados es una tarea tan desagradable como defender a Judas, que no deja ganancias a quien la emprenda, pues se trata de una misión políticamente incorrecta que genera enemigos a la izquierda y a la derecha y que ni siquiera la familia del acusado está en disposición de agradecer.

Y es que la víctima, expulsada del proceso penal a finales del siglo XVIII, a fin de que el Estado, desterrando toda idea de odio o venganza contra el delincuente, propia de la era de la venganza privada donde cada quien tomaba la justicia en sus manos, monopolizase la reacción penal, hoy regresa, de la mano de los grupos de víctimas y de los colectivos a ellas vinculados, encabezando una lucha contra las garantías del imputado en la que, bajo la lógica del todo o nada, cualquier consideración de los derechos del victimario es percibida como una desconsideración de las víctimas. Se vive así en una ola de exasperación punitiva y de encarnizamiento penal, propiciada por los lobbys de víctimas y unos medios de comunicación muchas veces propensos a seleccionar los mensajes, descontextualizar los sucesos, celebrar juicios paralelos, dedicarse a la contaminación informativa, dramatizar morbosamente crímenes repugnantes pero infrecuentes y crear una percepción colectiva de inseguridad ciudadana, que no responde ni a las estadísticas criminales ni a la realidad del delito.

Hoy, podemos decir, junto con Gerardo Landrove Díaz, que "para demasiados periodistas en este país no hay sentencias correctas o incorrectas, justificadas o arbitrarias, sino reaccionarias –y hasta machistas– o progresistas. Ciertamente hay que tener coraje para absolver a los ya condenados en un juicio paralelo o para condenar a alguien que en el mismo haya sido absuelto, porque los jueces que no se someten a las presiones mediáticas sufren la dureza de una crítica que, incluso, puede repercutir negativamente en su promoción profesional. También el coloquialmente denominado 'juez estrella' constituye un rentable producto mediático que, ávido de protagonismo y empeñado en ser noticia diaria, aborda la tarea de salvar el mundo a través de su juzgado y anhela –con frecuencia– un reconocimiento universal; no puede extrañar, en definitiva, que el hiperactivo 'juez estrella' se convierta en un producto de consumo compulsivo encantado, por ello, de haberse conocido".

Es por la euforia de las víctimas que la prisión preventiva, que se supone una medida teóricamente cautelar y provisional cuyo único fin es impedir la fuga del imputado, sea percibida y concebida por el público y hasta por los operadores del sistema judicial como una pena anticipada y sin juicio que debe imponerse automáticamente para satisfacer las apremiantes exigencias de seguridad por parte de la sociedad, perseguir objetivos ejemplarizantes, y evitar reincidencias delictivas por parte del acusado y el escarnio que produce que un supuesto delincuente se le juzgue y condene como presunto inocente y en libertad. Pero hay que decirlo hasta el cansancio como lo ha dicho el Tribunal Constitucional español: "El hecho de que el imputado haya de ser considerado no culpable, obliga a no castigarle por medio de la prisión preventiva. Y eso quiere decir que ésta no puede tener carácter retributivo de una infracción que aún no se halla jurídicamente establecida. Y, con mayor razón, proscribe la utilización de la prisión con la finalidad de impulsar la investigación del delito, obtener pruebas o declaraciones, etc., ya que utilizar con tales fines la privación de libertad excede los límites constitucionales" (STC 128/1995).

Es cierto que el Código Penal protege a la víctima pero, aunque moleste a muchos, el Código Procesal Penal es y solo debe ser un "código del delincuente". Y es que, mientras el proceso penal sea el enjuiciamiento de personas que por definición jurídica no son delincuentes y sí presuntos inocentes, la legislación procesal debe proteger al imputado de la violencia punitiva del Estado.

4. POPULISMO PENAL Y CASACIÓN

El populismo penal ha hecho perentoria la necesidad de lograr penas mayores en sede judicial suprema para legitimar así la lucha contra la criminalidad, lo cual nos ha llevado también a una crisis del recurso de casación. Los signos de esa crisis son más que evidentes. A juicio del Magistrado Presidente de la Suprema Corte de Justicia, Dr. Jorge Subero Isa, la casación penal constituye un "tercer grado de jurisdicción". A estas conclusiones arriba, al comentar la doctrina jurisprudencial de nuestro más alto tribunal de justicia, en virtud de la cual la casación supuestamente ha variado su naturaleza después de la aprobación del Código Procesal Penal. De ahí que los jueces supremos pueden conocer no solo el Derecho sino también los hechos de la instancia penal.

Si apoyamos esta tesis, no hay dudas que la casación ha mutado radicalmente: ésta siempre ha sido un recurso mediante el cual la Suprema Corte de Justicia juzga si el Derecho ha sido mal o bien aplicado por los jueces del fondo, lo cual le permite mantener la uniformidad del Derecho en su aplicación por los jueces. Ya lo dijo el maestro Hipólito Herrera Billini al cumplir la casación medio siglo:

"La misión fundamental de la Suprema Corte consiste, pues, en asegurar la estabilidad del derecho y su aplicación uniforme a todo el mundo (...) Sus atribuciones de casación presentan una particularidad singular: se limitan a investigar si la decisión impugnada es conforme o contraria a la ley. Este alto tribunal no juzga el litigio, sino la sentencia intervenida, y no la juzga entre los litigantes, sino entre el juez y la ley, de quien es un intermediario".

Que el artículo 427 del Código Procesal Penal disponga que "para lo relativo al procedimiento y la decisión sobre este recurso, se aplican, analógicamente, las disposiciones relativas al recurso de apelación de las sentencias, salvo en lo relativo al plazo para decidir que se extiende hasta un máximo de un mes, en todos los casos", no quiere decir que el legislador haya pretendido convertir la casación en un segundo recurso de apelación. El mismo Código es claro en cuanto a que la casación "procede exclusivamente por la inobservancia o errónea aplicación de disposiciones de orden legal, constitucional o contenidas en los pactos internacionales en materia de derechos humanos" (artículo 426), lo cual queda reafirmado por la propia Exposición de Motivos donde los autores del anteproyecto del Código Procesal Penal señalan que "la casación se presenta como un recurso destinado a controlar el apego de las sentencias a las normas" jurídicas, siendo en todo caso una "casación limitada porque muchas de sus funciones ya las cumple la apelación".

¿Pueden extenderse los poderes de los jueces de casación al extremo de que le permitan dictar directamente la sentencia del caso, como se permite en la apelación según el artículo 422 del Código Procesal Penal? Entendemos que una respuesta positiva colocaría a los imputados en una situación de indefensión pues el recurso de casación no constituye "un medio adecuado para conseguir la revaloración del material probatorio", ya que "el tribunal de casación no puede revalorar las pruebas o modificar los hechos por cuanto no ha participado del debate, de donde si lo hiciera estaría contradiciendo el principio de inmediación, núcleo central de los juicios orales" (Jorge González Novillo y Federico Figueroa).

El Código Procesal Penal no ha transformado la casación. Esta sigue siendo la casación francesa y la única que existe aún en los países que no siguen el modelo galo y se adscriben al nuevo proceso penal: una que "tiene por objeto superar los errores de derecho en que pudieran haber incurrido los tribunales de juicio" y que "no resulta ser propiamente una tercera instancia" (Di-Masi Obligado). En ningún caso, la casación puede implicar, como bien afirma Julio B.J. Maier, "un quebrantamiento de los principios que gobiernan el juicio oral y público" que permita "que jueces que no lo han presenciado dicten (…) una nueva sentencia".

5. EL MENOR COMO ENEMIGO

El consenso parece unánime: hay que modificar la legislación penal y de menores de edad de modo que los menores que delinquen no puedan prevalecerse de su minoría de edad para escapar al peso de la ley y de la justicia. Desde legisladores hasta funcionarios judiciales, pasando por comunicadores y personalidades, todos coinciden en esta necesidad. Las únicas voces disidentes son las de UNICEF, Hogar Crea, Casa Abierta y unos cuantos juristas especialistas en la materia. Son voces que claman en el desierto porque la decisión parece tomada: basta ya de ñoñerías, que ningún supuesto niño quiera venir a beneficiarse de su edad para atropellar los derechos de los demás.

No podía ser de otro modo. La dominicana es una sociedad asustada. Una hipersensibilizada percepción de los riesgos, el uso político del valor de la seguridad ciudadana y la prevalencia del discurso del Derecho penal del enemigo solo pueden conducir a la exclusión de los menores de edad de la protección jurídica y a su consideración como no personas, no ciudadanos, enemigos a quienes no se les puede aplicar la ley ordinaria sino la ley de la excepción. El nuevo enemigo es el menor de edad, con la agravante que los menores son el único colectivo social en la historia de la humanidad que no puede asumir su defensa por sí mismo. En otras palabras, ¿quién defiende al menor frente a su exclusión no solo social sino también jurídica?

Esta exclusión jurídica es precipitada por un aparato mediático que suministra una visión simplificada y superficial de la realidad social. Este aparato exige y promueve políticas de seguridad, inmediatas y eficaces, que toman en cuenta más la necesidad colectiva de seguridad que el deber de proteger los derechos de todos, incluyendo los menores de edad. De este modo, la idea de protección y educación de la infancia vulnerable que está detrás de la legislación del menor se ha ido sustituyendo por una doctrina del miedo que presenta a la infancia como peligrosa.

Atrás queda el interés superior del niño que es la base de la Convención de Naciones Unidas sobre los Derechos de los Niños y de nuestro Código de Niños, Niñas y Adolescentes. Este interés exige tener en cuenta el delito cometido y una pluralidad de factores psicosociales que inciden en el delito y que modulan la responsabilidad del menor. Lo importante ahora es apaciguar la alarma de la gente, asustada ante la percepción de aumento de la inseguridad ciudadana, y disuadir a los menores criminales en potencia. Se pone en jaque así los cuatro ejes de la protección internacional del menor: la desjudicialización (el menor delincuente para los tribunales), la descarcelización (el menor delincuente para prisión), la descriminalización (el menor sí comete crímenes) y el debido proceso (ninguna libertad para los menores enemigos de la libertad).

Ya no se trata de corregir o reeducar al menor. Este es un delincuente incorregible: no hay que dilapidar recursos en reeducarlo, lo que hay que hacer es neutralizarlo, por ser un enfermo o un peligroso que erosiona las bases de la convivencia social. Se trata de una lógica de la excepción, de la emergencia, legitimada en el consenso mayoritario de los partidos y de una opinión pública sedienta de presuntos culpables. La sociedad del miedo no quiere escuchar razones ni está dispuesta a aceptar los riesgos de la reincidencia. La única solución es la privación de derechos antes del juicio y el internamiento en centro cerrado. Basta ya de justicia *light*. En medio de una esquizofrenia punitiva, hay que apaciguar el sentimiento de desazón social ante la imposibilidad de erradicar el crimen. Debemos mandar un mensaje claro: el menor criminal es un enemigo de la paz social y de la tranquilidad de la familia.

A quienes, sumidos en el más irresponsable populismo penal, quieren considerar al menor como enemigo, solo les pedimos que, como afirma Hilberg, no olviden "que la mayor parte de las personas que participaron del genocidio, no dispararon rifles contra niños, judios ni vertieron gas en las cámaras. Muchos de los burócratas redactaron memorándums, elaboraron anteproyectos, hablaron por teléfono y participaron en conferencias. Destruyeron a mucha gente sentados en sus escritorios".

6. EL POPULISMO PENAL SE AGUDIZA EN UNA DEMOCRACIA ILIBERAL

6.1 La democracia autoritaria

Casi siempre se asocia la democracia a un régimen que respeta los derechos de todos, que garantiza la igualdad de las personas y que permite la participación. Pero lo cierto es que la democracia, entendida ésta en el sentido estricto de elección popular de los gobernantes, no es incompatible con regímenes dictatoriales o autoritarios.

Esto, que parecerá un contrasentido para muchos pero que, sin embargo, es lo único que permite entender el fundamento, el sentido y la esencia del constitucionalismo como técnica de limitación del poder, no es algo propuesto por ideólogos conservadores o fascistas tachables como Carl Schmitt, sino que es algo constatado por pensadores de credenciales liberales incuestionables como Max Weber. En efecto, Weber, en 1919, sostuvo que "en una democracia, el pueblo elige un jefe en el que deposita su confianza. El elegido les dice entonces: 'ahora, cierren la boca y obedezcan'. El pueblo y los partidos no pueden mezclarse en los asuntos del jefe. Luego el pueblo juzgará". Y es que, para Weber, "el 'dictador' es un hombre de confianza de las masas, elegido por sus cualidades, y al cual ellas se subordinan todo el tiempo que él posea su confianza".

Cuando Schmitt sostiene que la mejor forma de realización de la democracia es la dictadura, está siendo fiel al pensamiento de Weber. Para Schmitt, la democracia puede "ser realizada en la identificación del pueblo con un líder popular y carismático, en una forma más perfecta que en el estado de derecho". En otras palabras, lo que Schmitt afirma, y que es precisamente lo que explica el éxito de este autor entre los intelectuales tanto de la izquierda tradicional comunista como de la izquierda neopopulista, es que la dictadura puede ser antiliberal, pero no es antidemocrática. El bolchevismo y el fascismo serían, como cualquier dictadura, antiliberales pero no por ello antidemocráticos.

Estamos así en presencia de una democracia plebiscitaria, donde el pueblo expresa su voluntad, confiere mandato de modo directo y aclama masivamente a su líder, que representa a la totalidad del pueblo como unidad política. Pero no vaya a pensarse que se trata de una democracia participativa como la que quieren los que luchan por ampliar la participación ciudadana en las instituciones del Estado. La democracia schmittiana es esencialmente demagógica, centralista, populista, verticalista y opresiva. La razón de ello estriba en la concepción schmittiana del pueblo que es la que, en el fondo, subyace tras los mecanismos plebiscitarios propuestos por los ideólogos del constitucionalismo populista. El pueblo, por el hecho de no estar organizado, no es capaz de tomar decisiones políticas articuladas sino que el modo como mejor se expresa es como la multitud que pidió liberar a Barrabás: mediante aclamación popular, mediante un sí o un no.

Para Schmitt, la democracia, por otro lado, exige homogeneidad. Esa homogeneidad puede ser la que provee la igualdad material de un Estado social que asegura la procura existencial de todos como bien intuyó Herman Heller. Pero esa homogeneidad frecuentemente ha consistido en la exclusión de una parte de la población dominada por el Estado.

Como lo demuestran los Estados Unidos esclavistas y la Sudáfrica del *apartheid*, "siempre han existido en una democracia esclavos o personas total o parcialmente privadas de sus derechos y relegadas de la participación en el poder político, se llamen como se llamen: bárbaros, no civilizados, ateos, aristócratas o contrarrevolucionarios". Es más, si la democracia se basa en que la mayoría puede determinar a su voluntad lo que es legal y lo que es ilegal, no cabe duda de que esta mayoría puede declarar ilegales a sus adversarios políticos internos, considerándolos fuera de la ley y excluyéndolos de la homogeneidad democrática del pueblo. Por tanto, la democracia puede y debe ser excluyente.

Algunas democracias latinoamericanas, en la medida en que son populistas e hiperpresidencialistas, lo cual se evidencia en el recorte de las libertades, la erosión de las instituciones y la extensión de los mandatos y prerrogativas presidenciales, responden al modelo de democracia autoritaria propuesto por Schmitt sobre los pasos de Weber. Por eso, el reto para nuestros países no solo es consolidar una verdadera democracia sino también y sobre todo garantizar un real Estado de Derecho.

6.2 Los problemas democráticos de la democracia

Uno de los grandes errores que hemos cometido en América Latina es pensar que los problemas asociados a las democracias realmente existentes en la región se resuelven con más democracia. Quien piense así es tan iluso como el médico que entiende que es posible bajar la fiebre en un paciente aumentando la temperatura de las colchas con la que éste se arropa: pero ya la sabiduría popular nos dice desde hace siglos que la fiebre no está en la sábana.

Asumir que los problemas presentes en las democracias realmente existentes se solucionan perfeccionando los mecanismos democráticos tiene como presupuesto la creencia de que estas democracias no funcionan bien en la práctica y que hay que acercar el funcionamiento real de las mismas al modelo teórico-político que le sirve de fundamento. Pero la democracia acarrea problemas y peligros que no son fruto de un mal funcionamiento de ella sino que están inscritos en el código operativo del sistema político democrático.

Estos problemas y peligros surgen de un hecho fundamental ya explicado por Carl Schmitt en su obra "El concepto de lo político": "las fuerzas de la democracia [...] no son nada liberales ya que son esencialmente políticas y conducentes, incluso, a Estados totales". Y es que hay una diferencia radical entre liberalismo y democracia: el liberalismo parte de que el poder corrompe y que el poder absoluto corrompe absolutamente –de donde nace la necesidad de limitar al poder mediante la división de poderes y la garantía de las libertades–, en tanto que, en la democracia, como todo el poder deriva del pueblo, no se acepta, en principio, como legítima ninguna limitación al poder popular –que todo lo quiere y todo lo puede–, limitación que siempre será una subversión al derecho absoluto del pueblo a autodeterminarse.

Es por lo anterior que, como bien explica Schmitt en "La crisis de la democracia parlamentaria", "la dictadura no es antagónica con la democracia". Es más, podría afirmarse que una democracia llevada a su máxima expresión es necesariamente dictadura, dictadura soberana, dictadura regida por el gran y único soberano que es el pueblo. O mejor: "una dictadura no es posible si no sobre una base democrática". Por eso, afirma Schmitt, el comunismo y el fascismo son, como toda dictadura, antiliberales, "más no necesariamente antidemocráticos". La democracia, cuando no está sujeta a los límites de la Constitución, es necesariamente "democracia iliberal" (Fareed Zakaria) o "democradura" (Schmitter). Una dictadura no democrática puede, sin embargo, respetar ciertas libertades y ser, por tanto, una "dictablanda" o "dictadura liberal".

Pero la peor dictadura es la del pueblo o, para decirlo con las palabras de Juan Bosch, la "dictadura con respaldo popular". Y es que la dictadura de un hombre pesa menos que la de un millón de personas. Pero ojo: desde Napoleón hasta Chávez, la dictadura democrática, la que se legitima con plebiscitos y referendos regulares, siempre desemboca en la dictadura de un hombre. Y es que la dictadura plesbicitaria no requiere al final la participación popular. Ya lo afirma Schmitt en "Sobre el parlamentarismo": "La opinión unánime de cien millones de particulares no es ni la voluntad del pueblo ni la opinión pública. Cabe expresar la voluntad del pueblo mediante la aclamación [...] mediante su existencia obvia e incontestada, igual de bien y de forma aun más democrática que mediante un aparato estadístico". Quien dude esto que le pregunte a Jesús y a Barrabás.

Detener la tendencia de la democracia a concentrar e intensificar el poder requiere entonces acudir al constitucionalismo. Este no es más que una tecnología de limitación del poder mediante su división –para que el poder frene al poder (Montesquieu)– y su sumisión al Derecho. Esto requiere la construcción de instituciones para la libertad por una república de personas libres (Kant) que impida la tiranía de la mayoría (Toqueville) y la democracia totalitaria (Marcuse) o mesiánica (Talmond). Se busca así un Estado fuerte (Hayek) que, garantizando las libertades de todos, evite la coerción, las políticas de muerte y la violencia de los macropoderes salvajes (Ferrajoli), de los poderes invisibles (Bobbio), fácticos y privados, del fascismo social (Sousa dos Santos). De repúblicas aéreas (Bolívar) debemos pasar a ser repúblicas gobernadas por leyes y no por hombres.

6.3 La razón liberal

Para muchos resulta un contrasentido oponer democracia y liberalismo como lo hace Carl Schmitt pues, para la gran mayoría y como parece derivarse del sentido común cristalizado por las democracias realmente existentes, toda democracia es liberal y todo liberalismo es esencialmente democrático. Pero lo cierto es que, como bien afirma una pensadora de credenciales antifascistas incuestionables como

Chantal Mouffe, "por un lado, tenemos la tradición liberal constituida por el gobierno de la ley, la defensa de los derechos humanos y el respeto a la libertad individual; por el otro, la tradición democrática, cuyas ideas principales son las de la igualdad, la identidad entre gobernantes y gobernados y la soberanía popular. No hay una relación necesaria entre esas dos tradiciones diferentes, sino solo una articulación histórica contingente".

El código operativo de la democracia –el principio de mayoría–, si no es sujeto a los correctivos constitucionales del liberalismo destinados a limitar y controlar el poder de las mayorías a través de las garantías de los derechos fundamentales y la división de los poderes, conduce, necesariamente, a la tiranía democrática. Esos correctivos no pueden ser dejados a la contingencia de que la defensa de los mismos forme parte de las demandas populares, como sugiere Ernesto Laclau en "La razón populista", al señalar que "no hay razón para pensar que un populismo que incluye los derechos humanos como uno de sus componentes es excluido a priori". Aunque la lucha por los derechos fundamentales pueda ser en un momento histórico determinado una demanda popular apremiante, como lo demuestra el tránsito del autoritarismo a la democracia en la Latinoamérica de los 80 del siglo pasado, lo cierto es que los populismos tienden a intensificar los rasgos perversos de la democracia y lo que Pedro Francisco Bonó llamaba "las tendencias absolutistas" de las mayorías.

Lo más adecuado para nuestras sociedades es afincar regímenes políticos basados en la razón liberal que, por definición, es mucho más inclusiva que la razón democrática. Recordemos que las democracias asoman a la historia como regímenes profundamente excluyentes. Ello es así no por pura casualidad: es que las democracias se fundan en la homogeneidad y por eso excluyen del cuerpo político a los extraños y a los desiguales (los extranjeros, los esclavos, las mujeres, los pobres, los étnicamente diferentes). En contraste, el liberalismo es profundamente inclusivo: los derechos se garantizan a todos sin distinción. Por eso, la razón liberal puede acoger tanto la razón democrática de los derechos de la participación política como la razón socialista de los derechos a acceder a bienes sociales básicos. Reformulando a Norberto Bobbio, podríamos hablar entonces de un liberalismo democrático y social que es lo que, en el fondo, está presente en la cláusula constitucional del Estado Social y Democrático de Derecho.

En otras palabras, de lo que se trata es de consolidar una democracia reconciliada con el hecho de que no puede haber un poder absoluto, aunque venga del pueblo, no sometido ni a límites ni a reglas constitucionales. La soberanía popular habrá que entenderla entonces no como que el pueblo pueda hacer lo que le venga en ganas sino como significando que el poder pertenece al pueblo y por tanto nadie, ni siquiera sus representantes, puede apropiarse de ella. Por su parte, tomando en serio el reto de Laclau de retornar a la categoría política de pueblo –aunque llegando a conclusiones opuestas a las de él– al pueblo habrá que entenderlo no como un macro-sujeto dotado de una omnímoda voluntad general unitaria sino como "una pluralidad heterogénea de sujetos dotados de intereses, opiniones y voluntades distintas y en conflicto entre sí" (Ferrajoli).

La razón liberal es la única que nos puede conducir a gobiernos de leyes, limitados y garantes de los derechos de todos. La razón populista como expresión máxima de la razón democrática es utópica y totalitaria por las mismas razones dadas por su precursor Rousseau: "No es posible imaginar al pueblo continuamente reunido para ocuparse de los asuntos públicos (…) Si hubiese un pueblo de dioses, se gobernaría democráticamente. Pero un gobierno tan perfecto no es propio de hombres". A confesión de parte, relevo de pruebas.

6.4 De nuevo Schmitt

Hemos citado varias veces a Carl Schmitt. A este autor hay que leerlo como comen los japoneses el pez globo: con cuidado. Y es que el gran jurista y pensador político alemán, mal (y más) conocido como el gran ideólogo de la destrucción de la República de Weimar y del ascenso de Hitler al poder, seduce con su prosa al mismo tiempo académica, apasionada, analítica y profética. Sus grandes frases, que condensan sus ideas, son una muestra de cómo el razonamiento del lector puede ser secuestrado por el estilo del autor: "soberano es quien decide sobre la excepción" es una de esas sentencias que atrapan al menos incauto de los lectores.

Nadie como Schmitt comprendió –para explotarlas– las debilidades del liberalismo: su vano intento de suprimir lo político, la subsistencia del poder constituyente aún en los ordenamientos constitucionales plenamente positivizados, los peligros de la partidocracia, la pretensión de que los derechos valen por el solo hecho de estar constitucionalizados sin importar las estructuras institucionales que le sirven de soporte, la criminalización del adversario internacional, y el retorno del discurso mundial de la guerra justa.

Es por lo anterior por lo que, antes de leer a Schmitt, hay que familiarizarse con el manual de cómo leerlo sin morir en el intento. Sin embargo, cuidándonos del veneno autoritario de este autor, es preciso intentar hacer un uso liberal de su pensamiento. El pensador alemán es, en gran medida, el enemigo interno del liberalismo y, como no hay cosa mejor que conocer a nuestro adversario, vale la pena estudiar a Schmitt.

A pesar de que para Schmitt el liberalismo es, en lo esencial, "una crítica liberal de la política", el alemán es de los pensadores modernos que más insiste en el hecho de que el liberalismo es una tecnología de limitación del poder. Por eso, como ya hemos visto, una democracia técnicamente puede existir sin ser liberal y puede haber liberalismo sin democracia. De ahí no hay que inferir que ambos no pueden coexistir, como se evidencia en todo Estado Constitucional de Derecho, pero hay que estar conscientes de la tensión entre ambos polos porque de lo contrario caeremos en el absurdo de pretender resolver los problemas de la democracia con más democracia.

Schmitt se equivoca, sin embargo, al pensar que el liberalismo es una doctrina que supone naturalmente bueno al hombre cuando existe un realismo liberal que entiende que al poder hay que limitarlo porque el poder corrompe y el poder absoluto corrompe absolutamente (Lord Acton), que hay que restringir al poder porque "es una experiencia eterna que todo hombre investido de autoridad abusa de ella" (Montesquieu). Quizás el problema de nosotros los dominicanos ha sido precisamente pensar que basta con elegir a los hombres más buenos y más justos para que desaparezca el fantasma del autoritarismo cuando, en realidad, "si los hombres fueran ángeles, el gobierno no sería necesario" (Madison).

¿Es posible limitar el poder solo desde abajo, desde la sociedad? Los redactores del Informe Nacional PNUD 2008 en sus conclusiones entienden que sí, al considerar que es imposible que las elites se reformen por sí mismas, sin presión de ciudadanos empoderados. No obstante, la gran lección de la vida y obra de Schmitt es que, cuando no hay elites que se adscriben a los valores liberales y democráticos, el Estado Constitucional pierde una de sus bases fundamentales. Todo indica que sistemas democráticos liberales solo pueden ser cocinados como la arepa, desde arriba y desde abajo. En todo caso, la dificultad es la misma que detectó hace tiempo Madison: "Al organizar un gobierno que ha de ser administrado por hombres y para los hombres, la gran dificultad estriba en esto: primeramente hay que capacitar al gobierno para mandar sobre los gobernados; y luego obligarlo a que se regule a sí mismo".

Los dominicanos somos buenos schmittianos porque exageramos las pretensiones del liberalismo para desmeritar el régimen que tenemos cuando en todo liberalismo realmente existente salen por doquier los defectos porque, como bien señalaba Madison, "la imperfección humana no puede producir obras perfectas". A pesar de las debilidades del liberalismo, no todas detectadas por el ojo crítico de Schmitt, esta ideología sigue siendo la más adecuada para alcanzar la sociedad más libre, democrática y justa.

6.5 Democracia, liberalismo y populismo penal

Pues bien, todo lo anterior viene a colación pues solo el liberalismo puede concebir un Derecho Penal que reconozca garantías al imputado que, es a fin de cuentas, el único Derecho Penal que puede llevar todavía el nombre de Derecho sin avergonzarse de sí mismo. Pero, y esa es la gran paradoja, el liberalismo no basta por sí solo para que el Derecho Penal no mute en Derecho Penal del enemigo, como bien revela el caso de los Estados Unidos, que bajo el furor de la guerra contra el terrorismo ha renegado de todas las garantías del justiciable. Sin embargo, en una democracia liberal, como la norteamericana, la extensión del populismo penal y del Derecho Penal del enemigo que lo caracteriza tiene límites personales, temporales y espaciales: no puede regir contra todas las personas, no lo puede hacer todo el tiempo –a pesar de que se habla de la "excepción permanente"– y muchas veces no abarca todo el territorio –por eso la necesidad de restringir el mismo a territorios ultramar como Guantánamo. El problema del populismo penal es que, en aquellos países de precaria tradición liberal, tiene una fuerza expansiva que puede arrollar con todo el ordenamiento jurídico.

7. POPULISMO PENAL, FUNDAMENTALISMO CONSTITUCIONAL Y TIRANÍA DE VALORES

El populismo penal se asienta muchas veces sobre el fundamentalismo constitucional porque la penalización de conductas se justifica en supuestas exigencias constitucionales. Así, por ejemplo, se dice que el aborto hay que penalizarlo porque la vida es un bien constitucional inviolable, pasando así por alto que la existencia de un bien constitucional no conlleva necesariamente la idea de que la única vía de tutela de ese bien sea la penal. Lo penal debe ser siempre la última *ratio*.

Y es que una de las características esenciales de las constituciones actuales es, como bien ha señalado el gran constitucionalista italiano Gustavo Zagrebelsky, su "ductilidad". Como las constituciones son expresión del compromiso de fuerzas políticas disimiles y del pluralismo que caracteriza las sociedades contemporáneas, éstas deben tratar de acomodar corrientes antagónicas y perspectivas diferentes bajo un mismo "techo constitucional" en donde coexisten de modo pacífico diversas ideologías y proyectos políticos.

Es esta ductilidad constitucional lo que explica por qué la Constitución de una sociedad democrática, plural y liberal no puede abrazar de modo obstinado, exclusivo y ciego un solo valor o principio constitucional. Ello explica también por qué, como afirma Zagrebelsky, "los hombres y los juristas 'inflexibles y sin matices' no se compadecen bien con el tipo de vida individual y social que reclama el Estado constitucional de nuestro tiempo. Su presencia, además de ser fuente de fragilidad y emotividad, constituye un potencial de asocialidad, agresividad, autoritarismo y, en fin, no solo de inconstitucionalidad, sino también de anticonstitucionalidad".

El pluralismo de principios constitucionales y la inevitable ductilidad constitucional se contradicen con un lenguaje constitucional que tienda a excluir opciones políticas, que fomente la discriminación y que erija una tiranía de los valores constitucionales, en donde un valor excluye obligatoriamente a otro. Ya la dice el propio Zagrebelsky: "Para que la coexistencia de los principios y valores sea posible es necesario que pierdan su carácter absoluto, esto es, la condición que eventualmente permitiría construir un sistema formal cerrado a partir de uno solo de ellos. Concebidos en términos absolutos, los principios se convertirían rápidamente en enemigos entre sí. Al final, uno se erigiría en soberano sobre todos los demás y solo perseguiría desarrollos consecuentes con él. Pero en las constituciones pluralistas no cabe que esto sea así".

La pluralidad de los principios y los valores constitucionales obliga necesariamente a una relativización de la ética, lo cual no implica renunciar a una cosmovisión del mundo sino tan solo adherirse a una visión inclusiva de los diferentes proyectos de vida, todos, en principio, constitucionalmente admisibles. De ahí que la interpretación constitucional contemporánea favorece siempre la concordancia práctica de los principios, el balance de los intereses en pugna y la armonización de los valores, principios y derechos constitucionales en conflicto. Esta realidad es reconocida por la Constitución, la cual, en su artículo 74.4, dispone que los poderes públicos "en caso de conflicto entre derechos fundamentales procurarán armonizar los bienes e intereses protegidos por la Constitución".

Es por el reconocimiento de la estructural ductilidad constitucional que, como bien señala Angel Sánchez Navarro, en esferas "donde muchas veces entran en conflicto valores profundamente sentidos (derecho a la vida, a la personalidad individual) con ciertas opiniones sociales, doctrinales y jurisprudenciales partidarias de configurar nuevos derechos (aborto, muerte digna, a la procreación o a la maternidad, a proteger la salud de personas aquejadas de ciertas enfermedades, etc.) parece no solo razonable, sino incluso obligado, que el constituyente sea prudente, dejando a la conciencia social, en su caso, la configuración de nuevos derechos implícitos a partir de los derechos fundamentales básicos (vida, libertad personal) y de su fuerza transformadora de la realidad social y jurídica".

La Constitución pluralista no se compadece con un fundamentalismo constitucional que pretenda cerrar lo que debe quedar abierto. El "fanatismo de la justicia", el extremismo propio de la teología política, no pueden ser acogidos en un Estado democrático en donde el legislador puede exigir "que se mantengan abiertas las posibilidades de ejercitar su derecho a contribuir políticamente a la formación del ordenamiento jurídico" (Zagrebelsky).

La Constitución no debe propiciar el silenciamiento y la

expulsión del debate público de personas y grupos sociales a los que no solo se menoscaban sus derechos sino que también se les impide "exponerse a visiones alternativas sobre la vida, la sexualidad, la familia y las relaciones interpersonales" (Mariano Fernández Valle). Hacerlo, tarde o temprano, conducirá a la inconstitucionalidad de normas constitucionales vulneradoras de valores supraconstitucionales y supranacionales superiores, tales como la libertad, la igualdad y la no discriminación.

Pero, de todos modos, el fundamentalismo constitucionalista prosigue su camino tan campante como Johnny Walker. Y es que vivimos en la época de los valores. Las empresas, en su publicidad, hablan de sus valores institucionales. Religiosos y personalidades frecuentemente critican la "inversión de valores" que vive el país. Por todas partes, se invocan los valores. Podría afirmarse, junto con Carl Schmitt, que "el valor se ha revalorizado", lo cual debería complacer a un Ortega y Gasset, cuya fascinación por la "filosofía de los valores" en mucho contribuyó a la difusión de esta línea de pensamiento desde 1923.

Pero lo que mejor define el perfil de la era actual no es tanto la extraordinaria preeminencia de los valores en el discurso de las elites y de las masas, de los apocalípticos y de los integrados, de la izquierda del discurso políticamente correcto, multicultural y tolerante y de la derecha de los valores tradicionales, excluyentes y conservadores. No. Lo realmente distintivo de nuestros tiempos es que los valores han penetrado el Derecho, en su triple estructura de Constitución, legislación y jurisdicción.

Solo hay que tomar la Constitución y leer su preámbulo. De entrada, la Asamblea Nacional Revisora afirma adoptar los nuevos textos constitucionales que entraron en vigor el 26 de enero de 2010, regida "por los valores supremos y los principios fundamentales de la dignidad humana, la libertad, la igualdad, el imperio de la ley, la justicia, la solidaridad, la convivencia fraterna, el bienestar social, el equilibrio ecológico, el progreso y la paz, factores esenciales para la cohesión social". Ya el 13 de noviembre de 2003, la Suprema Corte de Justicia en su Resolución 1920, había afirmado que "el bloque de constitucionalidad, encierra entre sus principios y normas una serie de valores como el orden, la paz, la seguridad, la igualdad, la justicia, la libertad y otros que, al ser asumidos por nuestro ordenamiento jurídico, se configuran como patrones de razonabilidad, principio establecido en el artículo 8 numeral 5 de nuestra Constitución". Y la jueza que prohibió la circulación de las memorias de Angelita Trujillo y la instalación de la Fundación Rafael Leonidas Trujillo, afirma en su sentencia de amparo que tanto dicho libro como la fundación de marras pretenden "ahora enaltecer, defender y restaurar prácticas que se levantan contra el sistema de derechos y libertades fundamentales, así como contra los principios y valores que dan fundamento al Estado y la Constitución dominicana".

El caso dominicano no es aislado. Hoy las constituciones están preñadas de valores que ellas proclaman y que los tribunales encargados de defender la Constitución sostienen. Se trata de una tendencia estructural del constitucionalismo actual que ha triunfado sobre la vana pretensión de los positivistas, encabezados por Hans Kelsen, de desterrar de las constituciones todo lenguaje propio de un constitucionalismo al que despectivamente se le denominó constitucionalismo simbólico o de buenas intenciones.

Admitir la inevitabilidad de los valores en el Derecho y el carácter supremo de los valores constitucionales, no nos debe conducir, sin embargo, a ignorar las posibilidades de que se entronice una "tiranía de los valores (Schmitt): "cada valor, si se ha apoderado de una persona, tiende a erigirse en tirano único de todo el ethos humano, también a costa de otros valores, incluso de aquellos que no son diametralmente opuestos" (Nicolai Hartmann). De ahí que, "los valores deben ser controlados para evitar que, adquiriendo carácter absoluto, se conviertan en tiranos" (Gustavo Zagrebelsky). Ello es lo que manda la propia Constitución cuando señala que, "en caso de conflicto entre derechos fundamentales" los poderes públicos "procurarán armonizar los bienes e intereses protegidos por esta Constitución" (artículo. 74.4). No obstante, con esta armonización o ponderación de valores, hay que evitar que, como advierte Jurgen Habermas, y como es evidente en la jurisprudencia de la excepción permanente, los derechos fundamentales se relativicen en la medida en que se transforman en valores que pueden sacrificarse de acuerdo a un análisis de costos y beneficios. Quien conceptúa a la Constitución solo como un "orden de valores" y no también como un sistema de principios y reglas olvida que los derechos fundamentales son normas obligatorias y no meros bienes apetecibles o preferibles conforme las valoraciones personales del juez.

8. ¿HACIA DÓNDE NOS LLEVA EL POPULISMO PENAL? LA NECESIDAD DE REIVINDICAR EL DERECHO PENAL LIBERAL

Por el momento, todo va bien. Las víctimas del populismo penal son los sospechosos habituales: los acusados de fraude bancario, corrupción, narcotráfico, y violencia intrafamiliar. Pero ojo: hay un populismo de derecha que exige la penalización del aborto y de la marginalización social, hay otro de izquierda que aplaude la castración química de los criminales sexuales. Lo que importa es el castigo: las garantías constitucionales del justiciable son simple estorbo.

La experiencia comparada revela, sin embargo, que el populismo penal es expansivo y que muy pronto el círculo de las víctimas se amplía. Eso sí, no nos equivoquemos: el populista penal tiene un olfato agudo que le permite distinguir donde se encuentra el *locus* del poder. Por eso, el populista evita sistemáticamente toda confrontación real con el poder, principalmente con el político. Y cuando ataca al poder económico es porque olfatea un cambio de vientos.

Pero el castigo no debe alcanzarse de cualquier manera como quiere el populismo penal. Como bien afirma Daniel R. Pastor, "se desprecia a sí misma una sociedad que está dispuesta a alcanzar sus fines transgrediendo las reglas que ella se ha impuesto". Y es que, en un Estado de Derecho, la paz jurídica es basada en la idea de que es preferible una cierta cuota de impunidad que violentar las formas jurídicas que son las garantes de la libertad.

Ante este populismo penal, solo podemos insistir en que desde el Derecho Penal no es posible cambiar la sociedad. A fin de cuentas, no puede haber fundamento jurídico de la pena a nivel nacional como no puede haberlo de la guerra en el plano internacional. Por eso, el Derecho Penal sólo puede tener por misión humanizar la acción punitiva de las agencias estatales. Su función es y solo puede ser limitar el poder punitivo del Estado y evitar que éste termine erosionando las garantías últimas del Estado de Derecho. Es, como afirma Zaffaroni, "un apéndice indispensable del derecho constitucional de todo estado constitucional de derecho", que protege a las víctimas y a los presuntos inocentes que quedan atrapados en las redes del sistema penal.

El Derecho Penal es y solo puede ser –si quiere seguir siendo Derecho–, como entiende Zaffaroni, aquella "rama del saber jurídico que, mediante la interpretación de las leyes penales, propone a los jueces un sistema orientador de decisiones que contiene y reduce el poder punitivo, para impulsar el progreso del estado constitucional de derecho". De ese modo, "la función más obvia de los jueces penales y del derecho penal (como planeamiento de las decisiones de éstos), es la contención del poder punitivo. Sin la contención jurídica (judicial), el poder punitivo quedaría librado al puro impulso de las agencias ejecutivas y políticas y, por ende, desaparecería el estado de derecho y la república misma".

Y, siguiendo todavía a Zaffaroni, el Estado de Derecho es aquel Estado que somete a Derecho a todas las personas y como estado de policía el que somete a todos "al poder del que manda". El Derecho Penal, por tanto, busca hacer progresar el Estado de Derecho, que no existe en estado puro y deja subsistir a su interior al estado de policía. "No hay estados de derecho reales (históricos) perfectos, sino solo estados de derecho históricos que contienen (mejor o peor) los estados de policía que encierran". Como prueba de lo que afirma Zaffaroni, sólo hay que ver como el Estado de Derecho en los Estados Unidos, progresista en los 60 y parte de los 70 del siglo XX, comienza a involucionar con los virajes jurisprudenciales de la Suprema Corte en contra del debido proceso de los delincuentes hasta llegar a la infamia de la legitimación de la tortura en la guerra contra el terrorismo.

Dado que la función del Derecho Penal es contener al estado de policía latente en mayor o menor medida en todo Estado de Derecho, "referirse a un derecho penal garantista en un estado de derecho es una grosera redundancia, porque en él no puede haber otro derecho penal que el de garantías, de modo que todo penalista, en ese marco, se supone que es partidario de las garantías, esto es, garantista".

Por eso, hay que oponerse a que se hable de "enemigos" en el Derecho Penal, como pretende Jakobs sobre los pasos de Schmitt. "El verdadero enemigo del derecho penal es el estado de policía, que por su esencia no puede dejar de procurar el absolutismo". Que se trate a ciudadanos como enemigos en la práctica –o lo que es lo mismo, que se disminuyan los derechos de los ciudadanos para individualizar a los enemigos– no nos debe conducir a erigir ese trato como el deber ser. "La resistencia jurídico penal a la admisión del concepto de enemigo en el estado de derecho debe ser frontal, –afirma Zaffaroni– aunque las limitaciones del poder jurídico en ese momento no permitan eliminarlo".

El dilema del Derecho Penal al día de hoy es si se debe incorporar el discurso bélico del populismo penal mediático, que pide una guerra total contra la delincuencia a costa de las garantías constitucionales de los presuntos inocentes, o definitivamente enfrentarlo. Si quiere seguir siendo Derecho y no una "ciencia asquerosa" (Carrara) que "se limita a racionalizar el poder punitivo del Estado para justificarlo", no le queda otro camino que enfrentarlo. Ello implica asumir, en oposición a quienes aspiran convertir a República Dominicana en la colonia penal de Kafka, que la ciencia penal es "un saber digno y humano, que cumple la inestimable función de preservar el estado de derecho" y que constituye "un apéndice indispensable del derecho constitucional de todo estado constitucional de derecho".

9. CÓMO SALIR DEL POPULISMO PENAL Y CAMINAR EL SENDERO DE LA SEGURIDAD CIUDADANA EN DEMOCRACIA Y LIBERTAD

Los populistas penales se presentan como abanderados de la seguridad ciudadana. Como es de esperar en un país que a duras penas comienza a abandonar una cultura político-jurídica autoritaria que hunde sus raíces en la colonia y en los gobiernos dictatoriales que hemos padecido en nuestra historia republicana, la apelación a la seguridad ciudadana se plantea en términos de seguridad versus libertad. Se ignora así, consciente o inconscientemente, el hecho de que no puede haber seguridad sin libertades ni derechos sin orden, por lo menos no en un ordenamiento que se precie de democrático y de liberal.

Oponerse al populismo penal no significa que no se esté consciente de que la reestructuración de nuestras instituciones de seguridad es una de las reformas pendientes desde la caída misma de la tiranía de Trujillo y es quizás su ausencia lo que explica en gran medida la larga y tortuosa transición dominicana: mucho tiempo después de muerto el dictador, las mansas instituciones democráticas coexisten junto con las cimarronas prácticas de seguridad de la Era de Trujillo.

Contrario a lo que vulgarmente se piensa, quienes proponen la reforma del aparato de seguridad no quieren desmontarlo sino tan solo reestructurarlo a la luz de lo que debe ser y es la seguridad en las sociedades democráticas contemporáneas. Y es que no puede haber verdadera democracia donde no hay seguridad, pero no puede haber seguridad donde el ciudadano tiene que cuidarse del propio aparato tanto como de los propios peligros contra los que éste debe proteger a la ciudadanía.

Aquí hemos vivido durante mucho tiempo en el mito de que nuestro sistema de seguridad es efectivo. Y hasta se alaba la supuesta eficiencia policial en resolver crímenes que, en cualquier país civilizado, tomaría meses o años resolver. Ignoramos así que necesitamos fortalecer la institución policial, dotándola de recursos humanos y materiales adecuados a sus importantes tareas, pero, sobre todo, que hay que domesticar el aparato policial mediante su sumisión al ordenamiento jurídico. Una sociedad decente no tolera que sus miembros sean fusilados en "intercambios de disparos" ni mutilados en operaciones "quirúrgicas" por quienes deben velar por su seguridad.

En realidad, el aparato de seguridad ha sido privatizado, como queda demostrado al constatarse que el espionaje telefónico y electrónico es una de las industrias más lucrativas en el país, con la mirada indiferente, la anuencia o el aplauso de las autoridades. Un Estado que se respete ejerce el monopolio sobre el uso del espionaje legítimo y evita la feudalización de esta tarea indispensable para la seguridad.

La amenaza terrorista, el narcotráfico, el tráfico de personas, el lavado de dinero, la corrupción pública y otros crímenes transnacionales obligan a fortalecer el aparato de seguridad. Ahora bien, gobernantes y ciudadanos debemos entender que este fortalecimiento pasa por la democratización del aparato de seguridad y por el control legal y judicial de su actividad. No podemos ser engañados por el espejismo propiciado por los populistas penales que quieren que escojamos entre seguridad y libertad y que pretenden que adoptemos como lema de nuestras fuerzas de seguridad "ninguna libertad para los enemigos de la libertad". Esto representaría un suicidio para la democracia y el primer paso para la dictadura.

¿Cuáles deben ser los pilares de un sistema de seguridad ciudadana en una república democrática y de derechos? Independientemente de los programas de lucha contra la pobreza que deben emprenderse para enfrentar la problemática de la marginalidad y la exclusión social, un eficaz sistema de seguridad ciudadana se funda en tres elementos básicos: una legislación que permita enfrentar las nuevas formas de criminalidad, una justicia rápida y eficaz y unas fuerzas policiales modernas, capaces y cercanas a la gente.

Enfrentar a una delincuencia cada día más organizada, transnacional y violenta implica aprobar un nuevo Código Penal que contemple las nuevas y más graves formas de criminalidad, endureciendo las penas para las ofensas más graves y despenalizando los delitos bagatela que desperdician los escasos recursos del sistema penal.

Como el simple agravamiento de las penas no implica una disminución de la criminalidad, porque lo que disuade al criminal no es tanto la gravedad de la pena sino la certidumbre y rapidez de la condena, como claramente lo demuestran los estudios comparados de la región, la clave radica en lograr una justicia penal más ágil y eficaz. Y este es precisamente el segundo pilar de un buen sistema de seguridad ciudadana que se puede construir sacando provecho del nuevo Código Procesal Penal, el cual permite utilizar procedimientos abreviados para ciertos delitos, incorporar agentes encubiertos en las investigaciones, adoptar mecanismos especiales para los procesos complejos y aplicar nuevos e incrementados poderes de los fiscales. Lógicamente esto requiere recursos materiales, entrenamiento de los fiscales en el acopio, preservación y presentación de las evidencias en juicio y coordinación de esfuerzos entre todos los actores del sistema penal.

El tercer pilar de la seguridad ciudadana es la policía. Hay que incrementar el ridículo número de efectivos policiales y mandarlos a las calles, más motivados, mejor pagados y mejor entrenados. Esto requiere hacer de la policía una carrera atractiva para nuestros mejores bachilleres y modernizar el cuerpo policial, incorporando equipos tecnológicos más avanzados y adoptando una organización más funcional. Hay que fortalecer las policías municipales –esenciales para la vigilancia de lugares públicos como escuelas y plazas públicas–, y acercar la policía a los ciudadanos mediante la creación de las juntas locales de seguridad en donde se integran las organizaciones comunitarias y del barrio. Hay que priorizar la política de prevención del delito enfatizando la lucha contra la violencia intrafamiliar, el tráfico de personas, el narcotráfico, los atentados contra la seguridad escolar, y los robos con violencia. Este pilar requiere una Ley de Seguridad Ciudadana que sistematice la reforma policial y la construcción de un sistema de prevención del delito.

Hay que estar conscientes de que la seguridad ciudadana tiene una insoslayable dimensión internacional. Por eso hay que fortalecer la cooperación judicial internacional, apostar por un control efectivo de nuestras fronteras marítimas, aéreas y terrestres y adoptar una política de inmigración efectiva y adecuada a los requerimientos del ordenamiento supranacional de derechos humanos.

Finalmente, la seguridad ciudadana, contrario a la prédica del populismo penal y de su Derecho Penal simbólico, se construye no con discursos sino con recursos humanos y materiales y con una firme voluntad política. El día que el Estado ponga los recursos y la voluntad donde se pone ahora solo las palabras, los ciudadanos podremos realmente recuperar el perdido control de nuestras vidas y salir de la lógica del miedo cotidiano y colectivo que nos agobia y que es el caldo de cultivo del virus del populismo penal.

10. NECESITAMOS MÁS DERECHO Y MENOS DEMOCRACIA

Durante toda nuestra vida republicana, los dominicanos hemos luchado por el establecimiento y consolidación de un sistema democrático que garantice la participación política de todos, la libre elección de nuestros representantes y el ejercicio de las libertades de pensamiento y expresión que sirven de base a la formación de la voluntad popular. Ello explica nuestra reacción frente a los intentos de continuismo presidencial y a los traumas electorales y nuestros esfuerzos por construir un sistema electoral que garantice comicios libres y transparentes.

Mucho se ha avanzado en este sentido, principalmente tras la crisis de 1994. Mucho es lo que falta por avanzar, particularmente para garantizar la igualdad de los partidos, la transparencia del financiamiento electoral, la fidelidad y rapidez en el conteo de los votos y la prohibición del uso de los recursos del Estado en las campañas. Estas deficiencias, como lo es también la preeminencia de una cultura jurídico-penal populista y autoritaria, no pueden ser solucionados, sin embargo, con más democracia. De hecho, la democracia puede contribuir a exacerbar aún más estos problemas.

Y ello es así por una razón estructural inherente a todo Estado Democrático de Derecho, a la cual hemos aludido antes: la permanente tensión entre el principio democrático y el principio del Estado de Derecho. La democracia es el gobierno del pueblo, por el pueblo y para el pueblo. El Estado de Derecho es la garantía de los derechos de todos, incluyendo las minorías, frente a los poderes del Estado, aún emanen de las mayorías populares. Por eso, es perfectamente posible una monarquía o una autocracia que respete los derechos de las personas, salvo los derechos políticos, como es imaginable una democracia iliberal en donde no estén preservados los derechos de los individuos frente a las mayorías electorales.

El Estado Democrático de Derecho opera un compromiso entre estos dos principios que Carl Schmitt –a la luz de la experiencia de Weimar– considera mutuamente excluyentes y Jûrgen Habermas ve como perfectamente reconciliables –desde la perspectiva de las contemporáneas democracias realmente existentes. Este compromiso, no obstante, requiere los instrumentos de alta precisión que el constitucionalismo ha diseñado: separación de poderes, principio de legalidad, seguridad jurídica, control judicial de la actuación de los poderes, debido proceso y responsividad (*accountability*) de los representantes del pueblo.

Precisamente las grandes carencias de nuestra democracia radican en la ausencia –o deficiencia– de estos instrumentos de control del poder democrático. Y es esta ausencia de control lo que explica la gran distancia que existe en República Dominicana entre el deber ser del ordenamiento jurídico y el ser de la facticidad política. La brecha entre normatividad y realidad nunca podrá ser estrechada desde la óptica del principio democrático porque lo que el poder democrático quiere siempre es más poder para el pueblo en tanto que lo que el Estado de Derecho desea es menos poder a través del control del mismo.

Ahora que el poder es de todos y no de un solo hombre es mucho más necesario que nunca consolidar los mecanismos de control del poder. Esto pasa necesariamente por someter a Derecho el poder punitivo del Estado que es a lo que se opone en el fondo el populismo penal.

Democracia no solo es gobierno del pueblo sino también gobierno de las leyes. Un gobierno sin leyes sigue siendo tan gobierno de los hombres como las viejas autocracias. Si por gobierno democrático, debemos entender el reino absoluto de las mayorías, entonces lo que necesitamos los dominicanos es sencillamente más Derecho y menos democracia.

Y, precisamente, desde hace milenios, la pregunta política fundamental ha sido saber si es mejor ser gobernado por buenos hombres o por buenas leyes. La respuesta a esta cuestión siempre ha sido clara para los clásicos. Para Platón, "allí donde la ley está sometida a los gobernantes y carece de autoridad, yo veo la pronta ruina de la ciudad; en cambio, donde la ley es señora de los gobernantes y los gobernantes son sus esclavos, yo veo la salvación de la ciudad". Por igual, Aristóteles entiende que es mejor ser gobernado por una ley que "no tiene pasiones" que por un alma humana para la cual "las pasiones son connaturales".

Pero… ¿qué hacer cuando los gobernantes no son lo suficientemente buenos para gobernar haciendo respetar las leyes? ¿Qué hacer cuando "la ley se acata pero no se cumple", cuando a los amigos del gobierno se les permite todo y a los enemigos se le aplica la ley? En teoría, la solución a este problema lo ofrece el Estado democrático de Derecho que, al tiempo que permite la censura popular de los gobernantes malos a través del voto, garantiza el control del poder mediante un sistema de frenos y contrapesos (Congreso, justicia, contralorías, defensores del pueblo, opinión pública, etc.).

Lo cierto es, sin embargo, que las democracias realmente existentes, en mayor o menor medida y en todos los países del mundo, pero principalmente en aquellos en donde existen grandes desigualdades socioeconómicas, ha devenido en un mercado político dominado, como ya lo observaron Max Weber y Joseph Schumpeter, por el político transformado en empresario, cuyas ganancias se miden en votos acumulados conforme la capacidad de satisfacer los intereses de una clientela a partir del uso de los recursos públicos. En consecuencia, la terrible paradoja de la democracia es que la responsividad de los políticos solo aumenta en la medida en que responden efectivamente las demandas de sus clientes.

Ocurre entonces que quien vota por un partido no lo hace porque esté convencido de las ideas de ese partido o sus candidatos, sino porque éstos puedan satisfacer sus intereses. Por ello prevalece el voto de intercambio sobre el voto de opinión y ello quizás explique por qué muchos electorados son insensibles a las campañas negativas contra sus candidatos preferidos. Hoy, para citar a Norberto Bobbio, "la única opinión verdadera es la de quienes no votan porque entendieron o creen haber entendido que las elecciones son un rito que puede ser pasado por alto sin graves daños, y como todos los ritos, como por ejemplo la comida de los domingos, a fin de cuentas son una aburrición".

Ante este panorama desolador marcado por la conversión del ciudadano elector en cliente y por la pasividad de los ciudadanos conscientes, ante esta privatización de la arena pública, ¿cuáles son las vías para retomar las ideas que dieron vida al gobierno democrático, al gobierno de leyes democráticamente aprobadas (*per leges*) y al gobierno sometido a las leyes (*sub leges*)? ¿Cómo evitar el gobierno de los hombres? Weber pensó que la clave era combinar el carisma del jefe con la legitimidad democrática –lo que nuestro Euribíades Concepción denominó el "pitcher taponero"–, pero ello conduce indefectiblemente al cesarismo democrático, al bonapartismo, al despotismo democrático, a la democracia plesbicitaria.

El problema de la solución weberiana es que intenta enfrentar los problemas de la democracia con más democracia. Y está claro que lo que necesitamos es más Derecho con democracia de calidad, más frenos y contrapesos que nos liberen de las ataduras de la democracia clientelar. Necesitamos un Estado social que le robe los clientes a los partidos mediante la garantía de los derechos sociales fundamentales vía procedimientos jurídicos formalizados que erradiquen la discrecionalidad y el oportunismo de un Estado prestacional clientelar. Necesitamos autoridades independientes que tutelen una economía social de mercado al margen de la arbitrariedad político-coyuntural. Necesitamos una representación legislativa popular que pueda controlar los desmanes de la rama ejecutiva. Necesitamos una justicia independiente que sirva de contrapeso a los poderes políticos. Necesitamos un Defensor del Pueblo que, con su prestigio moral, censure los atropellos de las autoridades. En fin, necesitamos que el Estado no solo sea democrático sino también sobre todo de Derecho.

11. LA DEFENSA DE LA CONSTITUCIÓN CONTRA EL POPULISMO PENAL

El Derecho Penal es Derecho Constitucional concretizado. Por eso, la lucha contra el populismo penal y la erosión de garantías que éste implica requieren de un Derecho Penal plenamente constitucionalizado y de una jurisdicción constitucional dinámica y siempre dispuesta a la defensa de las garantías penales y procesales consagradas en la Constitución.

11.1 La constitucionalización del Derecho Procesal Penal

Uno de los grandes aportes del Código Procesal Penal ha sido el de acercar el sistema procesal penal vigente al modelo constitucional del proceso. En este sentido, se puede afirmar que la nueva legislación contribuye a la constitucionalización del proceso penal y del Derecho Procesal Penal. Pero... ¿qué significa este fenómeno de constitucionalización? Lo que sigue, más que un estudio del modelo constitucional del proceso, es un intento de aproximación al significado del fenómeno de la constitucionalización del Derecho y, en particular, del Derecho Procesal Penal.

11.1.1 La constitucionalización del Derecho. Ante todo una aclaración. Por constitucionalización del Derecho debemos entender un proceso y no un estado. No hay Derecho plenamente constitucionalizado ni Derecho que carezca de elementos mínimos de constitucionalización. Un Derecho en vías de constitucionalización se caracteriza por la creciente penetración de las normas constitucionales en todas las ramas del Derecho, de modo que la Constitución es capaz de condicionar tanto la legislación como la jurisprudencia y el estilo doctrinal, la acción de los actores políticos, así como las relaciones sociales. Pero la constitucionalización es una cuestión de grado: el Derecho de un país puede estar más o menos constitucionalizado y esto depende de cuántas y cuáles condiciones de constitucionalización estén satisfechas al interior de dicho Derecho. La constitucionalización del Derecho es, en consecuencia, la impregnación constitucional del Derecho, de modo que todos los ámbitos jurídicos quedan, en mayor o menor grado, conformados y determinados constitucionalmente.

La constitucionalización del Derecho viene marcada por una serie de condiciones cuya presencia en un determinado ordenamiento jurídico permiten medir hasta qué punto un Derecho está más o menos constitucionalizado. Al margen de la existencia de una Constitución rígida y de un mecanismo de control jurisdiccional de constitucionalidad, datos que acompañan al sistema constitucional dominicano desde 1844 hasta la fecha, las condiciones de constitucionalización más importantes son cuatro: (i) la fuerza vinculante de la Constitución, (ii) la interpretación extensiva de la Constitución, (iii) la aplicación directa de la Constitución y (iv) la interpretación de las leyes conforme la Constitución.

Estas tres condiciones están presentes en el caso dominicano, en particular en el Derecho Procesal Penal, situación que reconoce el artículo 1 del Código Procesal Penal que dispone lo siguiente:

"Primacía de la Constitución y los tratados. Los tribunales, al aplicar la ley, garantizan la vigencia efectiva de la Constitución de la República y de los tratados internacionales y sus interpretaciones por los órganos jurisdiccionales creados por éstos, cuyas normas y principios son de aplicación directa e inmediata en los casos sometidos a su jurisdicción y prevalecen siempre sobre la ley".

11.1.1.1 La fuerza vinculante de la Constitución. Una efectiva constitucionalización del Derecho requiere que la cultura jurídica de la comunidad interpretativa conformada por los poderes públicos, así como por los juristas, abogados, profesores de Derecho, litigantes, academias, organizaciones ciudadanas y medios de comunicación comulgue con la idea de que todas las normas constitucionales, sean reglas o principios, de carácter programático o no, son normas jurídicas vinculantes y susceptibles de producir efectos jurídicos. En este sentido, hay que resaltar el hecho de que la Suprema Corte de Justicia ha establecido que "en un Estado constitucional y democrático de derecho, el reconocimiento y tutela de los derechos fundamentales constituye la dimensión sustancial de la democracia"; que "forman parte de nuestro derecho interno el conjunto de garantías mínimas reconocidas por nuestra Constitución, así como la normativa supranacional conformada por los Tratados y Convenciones internacionales que reconocen derechos fundamentales"; que "los jueces están obligados a aplicar las disposiciones contenidas en el bloque de constitucionalidad como fuente primaria de sus decisiones, realizando, aún de oficio, la determinación de la validez constitucional de los actos y de las reglas sometidas a su consideración y decisión"; que "el bloque de constitucionalidad encierra entre sus principios y normas una serie de valores como el orden, la paz, la seguridad, la igualdad, la justicia y otros que, al ser asumidos por nuestro ordenamiento jurídico, se configuran como patrones de razonabilidad, principio establecido en el artículo 8 numeral 5 de nuestra Constitución"; que "una norma o acto, público o privado, sólo es válido cuando, además de su conformidad formal con la Constitución, esté razonablemente fundado y justificado dentro de los principios constitucionales"; que "la validez formal de las leyes y, en general, de las normas y de los actos de autoridad está determinada por el hecho de que las mismas se hayan adoptado siguiendo el mecanismo establecido en la Constitución y conforme a los principios, normas y valores considerados supremos por hallarse en la Constitución o por tener su rango dentro del bloque de constitucionalidad" (Resolución 1920-2003 del 13 de noviembre de 2003); todo lo cual es un claro indicador de que nuestro más alto tribunal de justicia considera que todas las normas constitucionales, independientemente de su estructura o contenido normativo, son normas jurídicas genuinas, vinculantes y susceptibles de producir efectos jurídicos, tanto frente al Estado como en las relaciones *inter privatos*.

11.1.1.2 La interpretación extensiva de la Constitución. Un Derecho constitucionalizado es aquel en donde la Constitución no se interpreta restrictiva y literalmente. Allí donde no se reconoce que la Constitución está preñada de valores y de principios que deben ser interpretados y aplicados extensivamente, amplios espacios de la vida social, política y económica del país quedan al margen de la Constitución. La Suprema Corte de Justicia se ha inclinado por una interpretación extensiva de la Constitución al establecer que las normas y los actos deben interpretarse "con sujeción a los supremos principios, escritos y no escritos, que sirven de base a nuestra Constitución política y ninguna estipulación que se aparte de esos principios puede ser aplicada por nuestros tribunales" (S.C.J. 20 de enero de 1961. B.J. 606. 49).

11.1.1.3 La aplicación directa de la Constitución. Si para que la Constitución se aplique se requiere la intervención del legislador, entonces el ordenamiento jurídico no está plenamente constitucionalizado pues al juez solo le queda el camino de aplicar únicamente la ley, aplicándose la Constitución sólo después de haber sido concretizada mediante leyes. Se produce entonces una "legalización del Derecho" y no una constitucionalización. Tenemos entonces "Estado Legal de Derecho" y no Estado Constitucional de Derecho. De ahí la importancia de que el artículo 1 del Código Procesal Penal haya establecido que las normas y principios constitucionales "son de aplicación directa e inmediata en los casos sometidos a su jurisdicción y prevalecen siempre sobre la ley". Ese artículo no hace más que recoger lo que es obvio y harto evidente en la tradición constitucional dominicana: las normas constitucionales producen efectos directos y deben ser aplicadas por cualquier juez en ocasión de un litigio que deba resolver. Como bien ha establecido la Suprema Corte de Justicia, cuando los jueces proceden así "no están invadiendo atribuciones de otros organismos, ni violando los principios fundamentales de la separación de poderes sino dando cabal cumplimiento a las facultades que se le otorgan para examinar y ponderar no sólo la regularidad de las leyes, sino también sus alcances y propósitos" (S.C.J. 15 de marzo de 1969. B.J. 670. 608).

11.1.1.4 La interpretación de las leyes conforme la Constitución. Si al juez sólo se le permitiese optar por inaplicar una norma por inconstitucional o admitir su constitucionalidad, la constitucionalización del Derecho es frenada. Pero cuando el Derecho, como es el caso del dominicano, permite al juez, frente a dos posibles interpretaciones de una norma, optar por la interpretación constitucionalmente adecuada, se produce no solo una armonización de las normas con la Constitución sino también un enriquecimiento del contenido de las normas a través de su interpretación conforme a la Constitución. Este es el criterio que sustenta nuestro más alto tribunal de justicia, quien considera que se impone la aplicación del bloque de constitucionalidad, "armonizando los significados de la ley que no le fueren contradictorios, con los principios, normas y valores que lo integran" (Resolución 1920-2003 del 13 de noviembre de 2003). De este modo, la

Suprema Corte de Justicia intensifica la constitucionalización del Derecho no sólo a través de la eliminación de las normas inconstitucionales del ordenamiento sino también mediante la integración y concretización constitucional de sus normas. Esta pauta interpretativa es recogida también por el Código Procesal Penal al disponer en su artículo 25 que "las normas procesales que coarten la libertad o establezcan sanciones procesales se interpretan restrictivamente" y que "la analogía y la interpretación extensiva se permiten para favorecer la libertad del imputado o el ejercicio de sus derechos y facultades". Y es que los derechos fundamentales, en este caso, los derechos del imputado, deben ser interpretados a favor de la persona, a favor de la mayor protección de los derechos fundamentales, a favor de su máxima eficacia y a favor de su posición preferente, pautas interpretativas que derivan del artículo 74.4 de la Constitución.

11.1.2 La internacionalización de los derechos fundamentales, del derecho a un debido proceso y del Derecho Procesal Penal. Un dato fundamental del ordenamiento jurídico dominicano que permite entender en todo su significado el proceso de constitucionalización del proceso penal es el hecho de que la Constitución vía el artículo 74.3 integra al bloque de constitucionalidad el Derecho Internacional de los Derechos Humanos. Ello supone que a partir de los enunciados constitucionales de derechos es preciso concretar vía interpretación normas conformes con las disciplinas sustantivas de los sistemas internacionales. Los derechos constitucionales tienen, pues, un contenido que es el resultado de su definición constitucional con la definición realizada en los sistemas internacionales, en el entendido de que, en caso de contradicción, prevalecerán los sistemas externos. El sentido del artículo 74.3 de la Constitución es incorporar los convenios y declaraciones internacionales de derechos humanos como parámetros determinantes de la validez de las normas internas de concreción de los preceptos constitucionales. La Constitución reconoce, por tanto, derechos cuyo contenido viene sólo parcialmente definido de manera directa por el constituyente, el cual se remite implícitamente, a los efectos de la definición de cada singular derecho, a las previsiones internacionales.

De modo que, por decisión expresa del constituyente de 2010, emerge un "bloque de constitucionalidad", en el cual se insertan los derechos fundamentales y principios expresamente reconocidos en la Constitución y los derechos fundamentales reconocidos en los convenios internacionales de derechos humanos suscritos y ratificados por el país y que devienen, por mandato constitucional expreso, en derechos constitucionalizados. Este bloque sirve como parámetro para llevar a cabo el juicio de constitucionalidad de las normas y actos de modo que éstos pueden ser inconstitucionales si contravienen una norma que, a pesar de no estar escrita en la Constitución, forma parte del bloque de constitucionalidad.

El carácter distintivo de los tratados internacionales sobre derechos humanos fue señalado en la opinión consultiva de la Corte Internacional de Justicia sobre las reservas a la Convención sobre Genocidio, emitida el 21 de mayo de 1951, en la que se observó que, en este tipo de convenios, los Estados no tenían intereses propios, como es lo corriente en la mayor parte de los tratados, por lo cual en esta clase de instrumentos internacionales no puede hablarse de "ventajas o desventajas individuales de los Estados", siendo el interés prevaleciente un interés común, el de "preservar los fines superiores que son la razón de ser de la convención". En igual sentido se pronunciaría la Corte Interamericana de Derechos Humanos, inspirada en decisión de la Comisión Europea de Derechos Humanos (*Austria v. Italy*, Application No. 788/60, European Yearbook of Human Rights, 1961, Vol. 4), en lo que constituye la mejor caracterización del carácter sui generis de los tratados internacionales sobre derechos humanos: "[...] los tratados modernos sobre derechos humanos, en general, y, en particular, la Convención Americana, no son tratados multilaterales del tipo tradicional, concluidos en función de un intercambio recíproco de derechos, para el beneficio mutuo de los Estados contratantes. Su objeto y fin son la protección de los derechos fundamentales de los seres humanos, independientemente de su nacionalidad, tanto frente a su propio Estado como frente a los Estados contratantes. Al aprobar estos tratados sobre derechos humanos, los Estados se someten a un orden legal dentro del cual ellos, por el bien común, asumen varias obligaciones, no en relación con otros Estados, sino hacia los individuos bajo su jurisdicción" (*El efecto de las reservas sobre la entrada en vigencia de la Convención Americana*, Opinión Consultiva OC-2/82 del 24 de septiembre de 1982).

Los tratados internacionales sobre derechos humanos gozan de un rango constitucional en aplicación de las disposiciones del artículo 74.3 de la Constitución y con relación a las normas infraconstitucionales. Sin embargo, en la medida en que las normas constitucionales vulneren los preceptos del Derecho convencional en materia de derechos humanos, estos preceptos adquieren un rango jurídico supranacional y supraconstitucional. Y es que la República Dominicana ha decidido, al suscribir la Convención Americana sobre Derechos Humanos y al ratificar la competencia de la Corte Interamericana de Derechos Humanos, adscribirse y ser fiel a un principio fundamental en materia de derechos humanos: la sumisión de las autoridades nacionales a los órganos jurisdiccionales del sistema interamericano de derechos humanos, los cuales son el árbitro final de su vigencia y de sus violaciones. La Constitución es el orden supremo del país en la medida que vaya más allá de la Convención Americana en la protección de los derechos fundamentales, la cual tan solo establece un nivel mínimo de protección. Los derechos fundamentales reconocidos en la Convención quedan incorporados al bloque constitucional vía el artículo 74.3 de la Constitución y complementan los demás derechos consignados en la Carta Magna. Sin embargo, si la Constitución vulnera las normas de la Convención ésta adquiere *ipso facto* un rango supraconstitucional, sirviendo como parámetro para evaluar la constitucionalidad de la Constitución o de la ley que declara la necesidad de reforma constitucional por parte del juez nacional o su ilegitimidad a la luz de la Convención por el juez interamericano.

Esta doctrina del bloque de constitucionalidad de los derechos fundamentales nacionales y supranacionales ha sido consagrada por la Resolución 1920-2003 de la Suprema Corte de Justicia. Para nuestro más alto tribunal de justicia, la existencia de este bloque de constitucionalidad acarrea una serie de consecuencias: (i) a dicho bloque está "sujeta la validez formal de toda legislación adjetiva o secundaria"; (ii) por la aceptación de la competencia de la Corte Interamericana de Derechos Humanos en 1999 el Estado dominicano reconoce "no solo la normativa de la Convención Americana sobre Derechos Humanos sino sus interpretaciones dadas por los órganos jurisdiccionales" supranacionales; y (iii) los jueces nacionales "están obligados a aplicar las disposiciones contenidas en el bloque de constitucionalidad como fuente primaria de sus decisiones".

Parte medular de este bloque de constitucionalidad es el conjunto de garantías destinadas a asegurar un debido proceso de ley. Estas garantías, listadas en la Resolución 1920-2003, coinciden con los principios fundamentales del Código Procesal Penal y con los derechos fundamentales del justiciable consignados en los instrumentos internacionales de derechos humanos. De modo que podríamos afirmar que los principios fundamentales del Código Procesal Penal no son más que Derecho Constitucional concretizado y forman parte del bloque de constitucionalidad en la medida en que no contradicen la normativa constitucional y supraconstitucional. Y los derechos que conforman este bloque de constitucionalidad deben ser aplicados conforme las pautas interpretativas trazadas por la jurisprudencia constitucional comparada e internacional. Entre esas pautas interpretativas se encuentra la favorabilidad: debe adoptarse siempre la norma más favorable para la persona y la que favorezca la mayor eficacia del derecho fundamental. Así, si la Constitución es más garantista respecto al derecho a no ser juzgado dos veces por una misma causa que la Convención Americana, el derecho constitucionalmente consagrado prima sobre el derecho fundamental reconocido a nivel supranacional. Del mismo modo si el Código Procesal Penal restringe la potestad de las autoridades de arrestar a las personas en cuanto al límite temporal de un modo más riguroso (24 horas) que la Constitución (48 horas) prima la norma adjetiva. Y, naturalmente, si el Código Procesal Penal permite el recurso de apelación por parte del fiscal de la decisión de primera instancia que descarga al imputado, evidentemente que prima el derecho al recurso consagrado por la Convención Americana que básicamente es un recurso del condenado y no de las autoridades.

La adopción del Código Procesal Penal y de la Resolución 1920-2003 marcan un giro copernicano en el Derecho Constitucional y en el Derecho Procesal Penal dominicano. A partir de estos instrumentos, la constitucionalización del Derecho se intensifica en la medida en que se reconoce la primacía constitucional sobre la ley adjetiva procesal, se constitucionaliza el contenido de la ley procesal, se hace formar parte de la normativa constitucional la supranacional y, en consecuencia, pasan a formar parte de la norma constitucional no solo la legislación supranacional sino también la interpretación que de ésta rinde la jurisprudencia internacional. Podríamos sintetizar este proceso afirmando que el proceso penal se abre a la Constitución y la Constitución al Derecho Internacional de los Derechos Humanos. Esta tendencia se reitera con la Ley Orgánica del Tribunal Constitucional y de los Procedimientos Constitucionales que consagra expresamente el bloque de constitucionalidad (artículo 7.10) y la aplicación de la norma más favorable de dicho bloque (artículo 7.5).

11.2 El rol de la justicia constitucional en la lucha contra el populismo penal

11.2.1 El fracaso de la Suprema Corte como tribunal constitucional. Según el presidente de la Suprema Corte de Justicia, en la actualidad existen más de 150 acciones en inconstitucionalidad pendientes de fallo, lo que es una muestra de una mora judicial crónica que no se compadece con el hecho de que la Suprema Corte es y debe ser lo que ella misma se ha autoproclamado: "guardiana de la Constitución". Si se compara este dato con las estadísticas de las jurisdicciones constitucionales latinoamericanas, veremos que el *performance* de la Suprema Corte deja mucho que desear. En Colombia y Costa Rica, por solo citar dos ejemplos de modelos de jurisidicción concentrada en una instancia jurisdiccional, las acciones en inconstitucionalidad y los amparos constitucionales ascienden a decenas de miles por año, los cuales son fallados puntualmente por los jueces constitucionales.

Se nos dirá que esto es una evidencia de la necesidad de crear un tribunal o una sala constitucional para hacer frente a la demanda ciudadana de justicia constitucional. Y puede ser así, no lo negamos. Sin embargo, nuestro sistema, en teoría, debería ser mejor que el colombiano o el costarricense porque se evita la colisión entre el tribunal o sala constitucional y el tribunal supremo, al tener competencia el pleno de jueces supremos para conocer de las acciones en inconstitucionalidad. Pero la Suprema Corte ocupa la mayor parte de su tiempo fallando casaciones de violación a la ley de tránsito o casaciones penales. Y lo que es peor: en el ejercicio del control difuso de constitucionalidad, nuestro tribunal supremo es sumamente tímido sino reaccionario en la protección de las garantías constitucionales. Prueba de ello es la escasa y contra garantista jurisprudencia casacional en materia de amparo. Y, por si esto fuera poco, mucha de la jurisprudencia que emana de la Cámara Penal es contradictoria con la letra y el espíritu del Código Procesal Penal y el bloque de constitucionalidad reconocido por los jueces supremos en su Resolución 1920-2003.

Pero, si fijamos nuestra atención en las actuaciones de la Suprema Corte de Justicia como tribunal constitucional, el panorama no es menos desolador. Lejos están los tiempos en que la Corte amplió el ámbito del control de constitucionalidad y la legitimidad procesal para accionar en inconstitucionalidad. Las decisiones supremas son en su gran mayoría confirmatorias de los actos impugnados por inconstitucionales. Y el procedimiento constitucional ha dado vaivenes que no contribuyen a la certidumbre jurídica: por ejemplo, del criterio liberal de que no se requiere el dictamen del Ministerio Público en las acciones en inconstitucionalidad se ha pasado, al parecer, al criterio restrictivo de que éste es indispensable. La ausencia de un procedimiento constitucional establecido por el legislador no justifica ni la tardanza en rendir los fallos constitucionales ni estos vaivenes que pueden ser subsanados mediante una reglamentación dictada por la propia Suprema Corte.

Por la tardanza en fallar las acciones en inconstitucionalidad y por el contenido de gran parte de sus fallos que legitiman las arbitrariedades estatales, el tribunal supremo se ha negado a controlar el poder, que es el código operativo de la justicia constitucional. De modo que más que a la judicialización de la política, que es un signo de la salud de una democracia constitucional, hemos arribado a una politización de la justicia, por la renuncia a ejercer con todas sus implicaciones el control de constitucionalidad.

Es por ello que nuestro más alto tribunal de justicia, contrario a otras jurisdicciones constitucionales latinoamericanas, no se ha legitimado frente a la población con posiciones progresistas y activistas respecto al control del poder punitivo del Estado, las libertades individuales, los derechos sociales y los derechos de las minorías, que llenen los vacíos dejados por la debilidad de los movimientos sociales y las fallas estructurales de la representación política. Por eso muchos, con razón o sin ella, comienzan a verla como simple tribunal político y no como verdadero tribunal ciudadano. De ahí a pensar que la defensa de la Constitución es un asunto demasiado serio para dejarlo solo en manos de los jueces constitucionales hay un solo paso que se da necesariamente con un Derecho en acción, vivo, emancipatorio y contrahegemónico.

11.2.2 Hacia una nueva justicia constitucional. El mundo, salvo contadas excepciones (Estados Unidos, Canadá, Argentina, México), ha evolucionado hacia jurisdicciones constitucionales autónomas: sea bajo la forma de tribunales constitucionales (Chile, Colombia, Guatemala) o salas constitucionales del tribunal supremo (Costa Rica, El Salvador). Incluso los países que conservan las atribuciones de control de constitucionalidad en manos del tribunal supremo están convirtiendo estos tribunales supremos en verdaderos tribunales constitucionales al desembarazarse de las casaciones y concentrar sus funciones en la justicia constitucional (ej. México y Argentina). En todo caso, cuando se habla de sala o tribunal constitucional se está hablando de modalidades de una misma cosa: jurisdicción constitucional, vale decir, autónoma e independiente.

La República Dominicana no ha escapado a esta tendencia con la creación del Tribunal Constitucional en la reforma constitucional de 2010. Para algunos, la creación de este Tribunal crearía conflictos entre la jurisdicción judicial ordinaria y la jurisdicción constitucional, en tanto que, para otros, la misma busca "desvertebrar" el Poder Judicial para debilitarlo en su función de freno y contrapeso de los poderes políticos. ¿Tienen razón quienes critican la jurisdicción constitucional especializada? Para responder esta interrogante, es preciso contextualizar el sentido de la jurisdicción constitucional y de nuestro modelo de control de constitucionalidad.

Ante todo, es preciso enfatizar que históricamente el control de constitucionalidad ha sido difuso, es decir, la potestad de desaplicar las normas o los actos por inconstitucionales ha estado difundida a todo lo largo y ancho del Poder Judicial. Ello explica por qué en República Dominicana todo juez –desde un juez de paz hasta un juez de corte– es un juez constitucional. A este modelo difuso de control de constitucionalidad, se ha sumado una vertiente concentrada de control incorporada en la reforma constitucional de 1994. Desde ese año, la Suprema Corte de Justicia, aparte de ser la máxima autoridad judicial es, además, tribunal constitucional que concentra las funciones de control de constitucionalidad en lo que respecta a las acciones directas en inconstitucionalidad interpuesta contra las normas en virtud del artículo 67.1 de la Constitución de 1966. Es por ello que hoy los dominicanos pertenecemos al modelo mixto de control de constitucionalidad en donde coexisten pacíficamente el control difuso en manos de todos los jueces y el control concentrado a cargo de la Suprema Corte.

A pesar de su coexistencia, ambos sistemas son diferentes: (i) por el difuso es posible controlar la constitucionalidad de cualquier acto (norma, sentencia, acto administrativo, contrato privado) en tanto que, por el concentrado, el control versa esencialmente sobre las leyes (y sobre las demás normas dictadas por los poderes públicos); (ii) en el difuso, la inconstitucionalidad solo puede ser alegada por la parte envuelta en un litigio, en tanto que en el concentrado cualquier ciudadano es considerado parte interesada; y (iii) la declaratoria de inconstitucionalidad en el control difuso solo surte efectos entre las partes en tanto que en el concentrado la misma surte efecto para todo el mundo.

¿Se justifica en nuestro país una jurisdicción constitucional? El atraso en el fallo de las acciones en inconstitucionalidad, la carencia de precedentes supremos que orienten a los jueces de amparo, el cierre al ciudadano de la puerta a la justicia constitucional por una arbitraria definición de parte interesada, los inesperados virajes del tribunal supremo, la prevalencia de una cultura judicial anti-constitucional, y, lo que es peor, el temor de abordar cuestiones políticas sensitivas, hacen impostergable crear esta jurisdicción.

¿Son estos problemas exclusivos de República Dominicana? No, pues, como afirma el juez de la Corte Suprema de Argentina, Raul Zaffaroni, éstos son frecuentes en todos los países que carecen de jurisdicción constitucional independiente, pues "es obvio que cuando se cuenta con un verdadero tribunal constitucional (...) no es tan fácil declarar no judiciables ciertas cuestiones, pero cuando un tribunal supremo no tiene carácter político encargado de resolver conflictos de poderes, como en el caso argentino, todo es posible. Estos tribunales pueden acudir a la 'self restraint' cuando no les interesa resolver el caso, porque sería favorecer los derechos de los menos poderosos o porque les acarrearía conflictos que quieren evitar, o puede ampliar su competencia cuando le interesa particularmente hacerse cargo de la decisión de un caso o formular una simple manifestación política".

¿Qué ha pasado en los países que han instaurado una jurisdicción constitucional autónoma? Según el citado Zaffaroni, esos países "nos muestran que, en las últimas décadas han avanzado desde los estados de derecho 'legales' a los estados de derecho 'constitucionales', es decir, estados de derecho cuya jurisprudencia (constitucional y ordinaria) realiza un considerable esfuerzo para dar plena vigencia a los principios constitucionales", al extremo que lo que había antes "nadie lo defiende discursivamente ni lo añora". Por eso, quien quiere control del poder y límites al presidencialismo debe favorecer la jurisdicción constitucional. Y es que, como afirma Alfonso Celotto, ésta tiene "un significativo peso político, como guardián de la Constitución, órgano de equilibrio del ordenamiento e interlocutor necesario del debate político, institucional y social". Por eso, mientras "más numerosos son los poderes centralizados en las manos de los presidentes de la república es más raro que aparezcan cortes constitucionales con poderes efectivos".

El modelo de jurisdicción constitucional adoptado por el constituyente en 2010 parte de un dato obvio del Derecho Constitucional comparado: todos los ordenamientos jurídicos, con excepción de los países integrantes de la familia jurídica del *Common Law* (Estados Unidos, Canadá, Inglaterra, etc.) y de algunos países latinoamericanos (México, Argentina) se han orientado hacia la conformación de jurisdicciones constitucionales especializadas. Estas jurisdicciones surgen, no por el deseo de limitar, desvertebrar o debilitar a la justicia ordinaria, sino por la incapacidad de los jueces ordinarios, en particular de los tribunales supremos, de ser jueces de la Constitución y no solo de la ley. Como bien señala, el español Luis López Guerra el surgimiento de jurisdicciones constitucionales se debe a que: primero, "el poder judicial del momento, seleccionado en épocas anteriores, no tenía interiorizados los valores constitucionales", por lo que se "prefirió establecer una instancia distinta que (…) garantizase (…) el ámbito de los derechos fundamentales"; y, segundo, porque hacía falta "un órgano que estableciera unos principios comunes, resultado de la interpretación de la Constitución, y que vinculasen a todos los poderes del Estado en materia de derechos fundamentales".

Algunos temen a los eventuales conflictos entre el Tribunal Constitucional y la Suprema Corte de Justicia. Pero lo cierto es que en cualquier modelo de justicia constitucional siempre habrá conflictos: entre la jurisdicción constitucional y el Poder Legislativo, entre la jurisdicción constitucional y el Poder Ejecutivo, entre la jurisdicción constitucional y el Poder Judicial. El conflicto es propio de la democracia. Como bien señala el peruano Juan Monroy Galvez: "No existe país donde la incorporación de un tribunal constitucional destinado a efectuar un control concentrado que asegure la vigencia y primacía de la Constitución, así como la eficacia de los derechos que ella reconoce, no haya producido tensiones entre la nueva institución con el Parlamento, con el Poder Judicial o con ambas. Esta situación tiene una explicación histórica definida. Se trata de la inserción de una nueva manifestación de poder político en la estructura de un Estado que no ha renovado su organización tradicional, lo que hace que la crispación resulte inevitable".

¿Dónde hay menos conflictos? Para algunos, como el salvadoreño Jorge Eduardo Tenorio, allí donde, existe una sala constitucional especializada en el tribunal supremo, y para otros, cuando esta jurisdicción está en manos de un tribunal constitucional. Pero, en nuestra América, la tendencia es a establecer, o bien salas constitucionales autónomas (Costa Rica, El Salvador, Honduras, Nicaragua, Paraguay y Venezuela) o bien tribunales constitucionales (Bolivia, Chile, Colombia, Ecuador, Guatemala y Peru).

Por eso, lo importante no es que no haya conflictos sino que éstos sean minimizados y canalizados institucionalmente. Como bien señala el juez constitucional peruano César Landa, "el no-conflicto es propio de las dictaduras, pues éstas no los reconocen" y estos conflictos, por tanto, "son funcionales al Estado constitucional democrático, es decir, son propios del equilibrio y control entre los poderes".

El Tribunal Constitucional no siempre estará en total armonía con el Poder Judicial, pero ello es lógico pues las relaciones entre la justicia constitucional y la justicia ordinaria, como bien señala Landa, "son relaciones que se caracterizan por una interacción conflictiva, lo cual no es, necesariamente, nocivo para el sistema democrático", siempre y cuando los jueces ordinarios acaten las sentencias del Tribunal Constitucional, el cual siempre tendrá la última palabra como instancia final de fallo y supremo intérprete de la Constitución. Como ya lo ha dicho, Luis Prieto Sanchís, "la existencia de grandes conflictos entre la jurisdicción ordinaria y la constitucional me parece irremediable. En línea de principio, estos conflictos solo desaparecerían si el Tribunal Constitucional sólo se ocupase de problemas de constitucionalidad, y la jurisdicción ordinaria de legalidad. Pero (...) esto ni es ni puede ser así".

El Poder Legislativo y el Poder Ejecutivo han sido en nuestro país más receptivos a la existencia de una jurisdicción constitucional garante de los derechos que el propio Poder Judicial. Esto no es exclusivo del país. Como bien señala Humberto Nogueira Alcalá, "la primera tensión que se produce al establecerse los tribunales constitucionales es con las Cortes Supremas como cabezas del Poder Judicial de los países respectivos, los cuales resienten la pérdida de poder o competencias en beneficio del órgano jurisdiccional especializado independiente y autónomo, aun cuando pueda aparecer este último formalmente dentro del capítulo de la Constitución correspondiente a la rama o Poder Judicial (Colombia, Bolivia), ya que la regla general es su estructuración como órgano extra poder (Chile, Ecuador, Perú), además de la Corte Constitucional de Guatemala en Centroamérica".

La experiencia comparada indica que lo más importante es diseñar mecanismos que fomenten el diálogo entre los poderes y la cooperación en la interpretación constitucional.

Por eso, hoy las jurisdicciones constitucionales no son meros legisladores negativos sino que también dictan sentencias interpretativas (que permiten conservar las normas sin expulsarlas del ordenamiento), tal como establece la Ley Orgánica del Tribunal Constitucional y de los Procedimientos Constitucionales.

La reforma constitucional de 2010 mantuvo la tradición dominicana de que todo juez es juez constitucional: por eso los jueces ordinarios siguen conociendo los amparos y las excepciones de inconstitucionalidad. De ese modo el juez más cercano al caso seguirá conociendo lo constitucional y no se sobrecargará a la jurisdicción constitucional. Como los jueces ordinarios seguirán siendo jueces constitucionales, en la mejor tradición del constitucionalismo dominicano, la jurisdicción constitucional debe conocer los recursos de apelación en materia de amparo, tal como dispone la Ley Orgánica del Tribunal Constitucional y de los Procedimientos Constitucionales. Y más aún, en cumplimiento del artículo 277 de la Constitución, se permite recurrir en revisión ante el Tribunal Constitucional contra las decisiones jurisdiccionales firmes violatorias de los derechos fundamentales, en una especie de amparo español. En este sentido, Humberto Nogueira Alcalá señala: "(…) el Tribunal Constitucional, al dilucidar el amparo (contra sentencias), sólo determina sobre la vulneración o no por la resolución judicial cuestionada de los derechos fundamentales, no pronunciándose sobre los hechos o cuestiones propios de la controversia judicial propiamente tal, todo ello sin perjuicio de que el tribunal debe considerar las consecuencias jurídicas que se extraen de dichos hechos cuando las consecuencias jurídicas sean desproporcionadas o generen un sacrificio injustificado de un derecho, por lo tanto, el Tribunal Constitucional no es una nueva instancia, siendo el propio tribunal ordinario el que deberá dictar la sentencia de reemplazo".

La puesta en funcionamiento del Tribunal Constitucional es una gran oportunidad para consolidar el Estado de Derecho y los derechos de las personas. Y es que de nada sirve reformar la Constitución, como se hizo en 2010, si no se crea una jurisdicción constitucional compuesta por expertos en Derecho Constitucional, designados por un período que no coincida con los calendarios electorales y sin reelección en su cargo (para que no se vean tentados a buscar la aprobación de los políticos), que representen las diferentes cosmovisiones ideológicas del espectro político-jurídico del país, que justifiquen sus decisiones en un diálogo abierto y plural con la comunidad de ciudadanos intérpretes de la Constitución y cuya única misión sea controlar la constitucionalidad de los actos de los poderes públicos, incluido el Poder Judicial, y garantizar eficaz y prontamente los derechos constitucionales de todas las personas. Sin jurisdicción constitucional no hay verdadera justicia constitucional. Sin justicia constitucional, es decir, sin guardián de la Constitución, no se tiene verdaderamente ni se vive efectivamente en Constitución.

12. LLEVANDO EL ESTADO A SU PROPIA LEGALIDAD: LA LUCHA POR EL DERECHO Y EL DERECHO DE LA LUCHA ("DERECHO EN ACCIÓN")

12.1 La crisis de la legalidad

El populismo penal sienta sus raíces en medio de una crisis del principio de legalidad. Hay, sin embargo, un clamor generalizado en la República Dominicana por el respeto de las leyes. Desde las juntas de vecinos que combaten las arbitrariedades de los ayuntamientos o exigen el respeto de las normas medioambientales hasta los partidos que reclaman unas finanzas públicas ordenadas y el respeto de las normas electorales, en todas partes, el clamor es único: hay que retornar al Estado a su propia legalidad.

Dirán muchos que nunca el Estado dominicano ha respetado la legalidad. Y es cierto: pero en el sentido de que, como bien expresa Luigi Ferrajoli, en los Estados de Derecho realmente existentes siempre existe una brecha entre el deber ser de la legalidad y el ser de la realidad político-social. Pero precisamente el Estado Constitucional es el modo en que se critica desde dentro del sistema esta brecha y se lucha jurídicamente para estrecharla y para acercar la facticidad a la normatividad. Esa brecha puede ser más grande de un un gobierno a otro. En todo caso, nadie puede negar la característica fundamental del Estado de Derecho, como bien afirmaba hace mucho tiempo Carl Schmitt:

"En un sistema moderno, es decir, industrializado, bien organizado, con división del trabajo y altamente especializado, la legalidad significa un determinado método para el trabajo y el funcionamiento de los organismos públicos. La manera de tramitar los negocios, la rutina y los hábitos de los funcionarios, el funcionamiento hasta cierto punto calculable, la preocupación por la conservación de esta especie de existencia y la necesidad de 'cubrirse' frente a una instancia que exija responsabilidades, todo esto forma parte del complejo de una legalidad concebida de una manera burocrático-formalista. Cuando un sociólogo como Max Weber dice que la 'burocracia es nuestro destino', nosotros debemos añadir que la legalidad es el modo de funcionar de esta burocracia".

Si la burocracia es nuestro destino y si el único modo de funcionar de esta burocracia en una democracia constitucional es la legalidad, a menos que se quiera derivar en un Estado totalitario donde las decisiones se legitiman en función de la voluntad del líder/jefe o del partido único, ¿cómo lograr someter a la Constitución, a las leyes y al Derecho al Estado? En primer lugar, solo la existencia de un Poder Judicial independiente, capaz de enfrentar al poder para su control, sin temor a las presiones de políticos, partidos o grupos de presión, es garantía efectiva de la legalidad. De ahí que todo Estado de Derecho es Estado Judicial de Derecho en donde la política, para no convertirse en guerra fraticida, se judicializa.

Pero esto no basta. El poder más fuerte en todo Estado es por definición la rama ejecutiva. Ella fue la que en principio monopolizó todos los demás poderes del Estado y es ella la que todavía retiene la facultad de ejecutar por la fuerza las decisiones estatales. Si este poder, en particular su rama administrativa y policial, no es sometido a la legalidad y al control judicial, no hay en realidad Estado de Derecho ni sometimiento del Estado a la legalidad. Es precisamente la ausencia de control sobre la actividad policial del Estado lo que hace débil nuestro Estado de Derecho. Si a esto sumamos la irresponsabilidad de un Estado inembargable y que desacata consuetudinariamente las sentencias que le son adversas, está claro cuáles son las verdaderas causas de nuestro hiper presidencialismo: nadie es responsable por los atropellos del Estado policial contra los ciudadanos.

12.2 La lucha por el Derecho

¿Cómo activar la revolución de la legalidad? Una de las realidades insoslayables para todos aquellos que vivimos en República Dominicana es la gran distancia que existe entre lo que dictan las normas jurídicas y el comportamiento de los agentes estatales y los ciudadanos. Esto origina que la gran mayoría de la gente sienta que vive, como dijo el constitucionalista Carlos Santiago Nino con relación a Argentina, en "un país al margen de la ley", o, para utilizar un término más filosófico, en "una sociedad anómica" (Antonio María Hernández).

¿Qué hacer para que dejemos de ser un país sin normas vividas y cumplidas por todos? Descartadas están las vías de siempre: la "idealista-normativista" de esconderse tras la mampara de las normas (afirmando que lo que importa es el deber ser y no el ser) y la "realista escéptica" de afirmar la preeminencia de la realidad (sin importar lo que ocurra en la práctica con la normatividad).

Hay, sin embargo, una manera de construir puentes entre el deber ser que no se cumple en la práctica y la realidad que se niega a ser sometida a Derecho. O, en otras palabras, hay modos que permiten a una sociedad convertir la normatividad del Derecho en la normalidad de la facticidad (Heller). ¿Cómo se logra que las normas se cumplan de un modo más efectivo en la práctica y que el Derecho no sea un simple supuesto ideal desprovisto de valor real para los ciudadanos? La respuesta nos la dio Hostos hace un siglo cuando afirmó que los derechos fundamentales:

"Son medio de progresión social, porque el desenvolvimiento de dignidad que promueven en el individuo, trasciende por necesidad al todo que la suma de individuos constituye; y una sociedad compuesta de individuos que ejercitan concienzudamente su derecho se elevará progresivamente a la más alta concepción de su destino y dirigirá todas sus fuerzas, materiales, morales e intelectuales, a la búsqueda de medios cada vez más racionales y más humanos para acercarse al elevado fin que ha concebido".

Lo que Hostos con preclara visión afirmó es lo que el jurista alemán Peter Häberle, en su tesis doctoral, señalaría 70 años después que nuestro constitucionalista, al expresar que "los derechos fundamentales como instituto dependen de lo obrado por una pluralidad indeterminada de individuos". Los derechos son efectivos, tienen vigencia social, cuando fruto del obrar personal y colectivo devienen en realidad social. Los derechos se convierten en regla por medio de su constante ejecución: la libertad vive a través de su reivindicación.

Pero… ¿cómo pueden los individuos ejercer "concienzudamente su derecho" como quería nuestro Hostos? Este aseguramiento de los derechos solo puede ser el fruto de un obrar colectivo en el que se unen iniciativas "desde arriba" –de los sectores con seguridad, dinero y poder– y "desde abajo" –desde los sectores más empobrecidos, débiles y vulnerables–. "Aunque estas dos clases de iniciativas se han apoyado entre sí –como bien explica el filósofo norteamericano Richard Rorty– la gente que está abajo siempre corre los riesgos, recibe los palos, sufre los mayores sacrificios y hasta a veces es asesinada. Pero su heroísmo no daría sus frutos si las personas que viven más tranquilas, gente con buenos estudios y relativamente libre de riesgos no se hubieran comprometido en la lucha. Quienes sufren palizas de muerte a manos de matones o linchamiento de masas, habrían muerto en vano si la gente que vive más segura y tranquila no hubiera echado una mano".

Hacer efectivo el Derecho requiere la lucha por el Derecho, asumir el Derecho como lucha y diseñar un Derecho de lucha por el Derecho y los derechos. Tomar los tribunales por asalto, entablar acciones colectivas y amparos populares, llevar las escuelas de Derecho a la calle, acercar los juristas a los pobres y a las comunidades de base, entrenar para el reclamo, son parte del arsenal de quienes quieren acabar con la ilegalidad estructural. Lo que se busca es, a fin de cuentas, hacer realidad la incumplida "garantía social" del artículo 23 de la Constitución francesa de 1793: la "acción de todos para asegurar a cada uno el goce y la conservación de sus derechos". Sólo el Derecho de la lucha y la lucha por el Derecho permitirán combatir el populismo penal que nos acogota.

12.3 El Derecho en acción

No son pocas las ocasiones que la gente se pregunta: "¿por qué se insiste en modificar legislaciones y aprobar nuevas leyes si las normas que tenemos no se cumplen en la práctica?". Esta cuestión ha atormentado por años a los juristas y es ahora que la teoría del Derecho comienza a atisbar una respuesta: la brecha entre, para utilizar los términos de Jurgen Habermas, la normatividad (el deber ser) y la facticidad (el ser) únicamente puede ser estrechada allí en donde la comunidad de ciudadanos y profesionales del Derecho cotidianamente "lucha por el Derecho" (Ihering), de modo que la normatividad paulatinamente se transforme en normalidad (Heller). O para decirlo en los términos de la escuela del realismo jurídico norteamericano: solo allí donde el "*law in the books*" (el Derecho de los libros) se transforma en "*law in action*" (Derecho en acción) puede hablarse de aplicación efectiva del Derecho.

Este Derecho en acción no es ajeno a nuestra tradición

jurídica. Ya hace más de un siglo nuestro gran Eugenio María de Hostos, antes de que en Europa se hablase de la teoría institucional de los derechos fundamentales, señalaba que éstos "son medio de progresión social".

Lo que Hostos entendía era que es el operar difuso en el medio social lo que instituye el conjunto de derechos y garantías fundamentales, dando vida así a comportamientos sociales similares y uniformes. De ahí que el Derecho y los derechos reciben su impronta subjetiva a consecuencia del obrar de una pluralidad de sujetos, o sea por el ejercicio individual y social de los derechos fundamentales. En consecuencia, los derechos y las leyes que los organizan son efectivos, tienen vigencia social, cuando no son únicamente algo dado, preexistente, organizado e institucional, sino cuando, fruto del obrar personal, devienen en realidad vital.

Curiosamente, como nos recuerda el constitucionalista español Francisco Rubio Llorente, "no son, por lo general, individuos virtuosos y socialmente útiles, sino elementos marginales y socialmente reprobados los que, a veces con escándalo de aquellos, pero para beneficio de todos", contribuyen a afirmar los derechos fundamentales en la vida colectiva, como bien revelan los precedentes jurisprudenciales sobre el derecho a un debido proceso aquí y en el extranjero que casi siempre han sido establecidos en relación a pobres, feos, desagradables, malos, marginales y excluidos. Es a través del obrar personal de los individuos que el Derecho y los derechos se asientan como institutos y que se logra la "garantía social" enunciada por el artículo 23 de la Constitución francesa de 1793.

Asumir el Derecho como Derecho en acción significa, aparte de que el que no grita no mama (o en términos jurídicos que no se tiene el derecho que no se reclama), que la lucha por el Derecho requiere, para ser fructífera, un Derecho de la lucha. De ahí la importancia de garantizar la aplicación efectiva de los derechos, de conceder legitimación colectiva y popular a los accionantes como ya lo ha hecho la Suprema Corte de Justicia y de suministrar defensa pública gratuita y técnica a los litigantes más pobres. El Derecho en acción conlleva, además, el fortalecimiento de la capacidad real de accionar legal de las organizaciones ciudadanas, tomar los tribunales por asalto para convertirlos en locus de las políticas públicas, orientar las clínicas jurídicas de las universidades hacia la práctica de asistencia legal a los sectores empobrecidos y concentrar la enseñanza del Derecho en el estudio de los precedentes jurisprudenciales y no solo del Derecho de los libros. Solo de ese modo el ser estará más cerca del deber ser y el Derecho se convertirá en norma viva de la nación y sus ciudadanos.

12.4 El Derecho en acción es un Derecho de la lucha por el Derecho

Ya hemos visto que uno de los grandes males dominicanos es la gran brecha que existe entre el deber ser de las normas legales y el ser de las prácticas sociales: el hecho de que vivimos en un país al margen de la ley. Ante esta situación, hemos afirmado que los juristas no podemos permanecer indiferentes, a menos que queramos desechar las normas como instrumentos obsoletos y a la dogmática jurídica como pensamiento inútil. Por eso, insistimos: la erosión de las garantías constitucionales por el populismo penal requiere la lucha por el Derecho, asumir el Derecho como lucha y diseñar un Derecho de lucha por el Derecho y los derechos.

Y es que la ciencia jurídica no puede permanecer indiferente ante la inefectividad social de las normas. La Constitución es clara en cuanto a que la función esencial del Estado es la protección efectiva de los derechos de las personas (artículo 8) y ella no se conforma con proclamar los derechos pues condena toda situación que tienda a quebrantar la igualdad que debe reinar entre todos los dominicanos (artículo 39). En otras palabras, a la Constitución no le basta con la validez formal de las normas y con la igualdad formal de las personas sino que ella requiere la aplicación efectiva de éstas.

Por eso hemos afirmado, que la Constitución dominicana es una Constitución dirigente, que contiene un programa de acciones que deben ser desplegadas por el Estado a los fines de que los derechos se tutelen efectivamente y que reine la libertad individual y la justicia social que requieren las personas para perfeccionarse progresivamente. Es por ello que hablamos de un Derecho Constitucional de la efectividad, un Derecho Constitucional de la pobreza, un Derecho Constitucional de las garantías sociales. El Derecho Penal también tiene que partir de un delincuente y de un justiciable socialmente situado.

Pero… ¿en qué consiste el Derecho de lucha? El Derecho de lucha consiste en no cruzarse de brazos frente a la inexistencia de garantías de los derechos fundamentales consagrados por la Constitución, asumiendo que allí donde hay un derecho debe haber una acción legal que lo garantice. ¿No está consagrado expresamente en la Constitución el derecho que se reclama ante el tribunal? El Derecho de lucha asume que es un derecho implícito en virtud del artículo 74.1 de la Constitución. ¿No hay un procedimiento legal establecido para hacer efectivo ese derecho? El Derecho de lucha asume que ese derecho es tutelable a través del amparo que es el recurso sencillo y rápido que quiere y manda el artículo 25.1 de la Convención Americana sobre Derechos Humanos para la tutela judicial de los derechos. ¿No es lo suficientemente efectivo el mecanismo de protección del derecho contemplado por la ley? El Derecho de lucha, a partir del mandato de efectividad del artículo 8 de la Constitución y del artículo 25.1 de la CADH asume que ese mecanismo es inconstitucional por inefectivo. ¿No ha sido reconocida esa inefectividad por ningún tribunal dominicano? El Derecho de lucha se orienta por el método de interpretación comparativo y asume los precedentes de las grandes cortes de justicia y los más prestigiosos tribunales constitucionales como pauta que orienta la interpretación.

En fin, el Derecho de lucha es un Derecho en acción, un Derecho con una sola misión: hacer efectiva la Constitución y los derechos de todos.

13. POR UNA CIENCIA CRÍTICA DEL DERECHO

El Derecho de la lucha implica asumir el Derecho como ciencia crítica. Y es que la dogmática jurídica, para cumplir con eficacia su cometido, tiene que tener un fuerte componente crítico. En el caso de la dogmática constitucional, y del Derecho Penal que es su apéndice, este componente es acentuado porque, para utilizar las palabras del constitucionalista colombiano Carlos Bernal Pulido, el Derecho Constitucional es, sobre todo, un "Derecho de los Derechos", una ciencia crítica que, contrario a la política o a la sociología, efectúa su crítica desde el interior del sistema jurídico.

La crítica no debe ser algo circunstancial y episódico para los juristas, sino que es consustancial al rol que desempeña el Derecho y la dogmática jurídica. Como bien afirma Rafael Ciprián, "la verdadera democracia, no la caricatura que tan acostumbrados nos tienen, se fortalece con el libre ejercicio de la crítica. Nadie contribuye más al fortalecimiento de las instituciones, ya sean del orden público o del privado, que los cuestionadores de sus deficiencias". Más aún, afirma que "nadie puede privar a los ciudadanos del derecho de vigilar y cuestionar la conducta y los pronunciamientos de sus gobernantes". "La función de la crítica es generar cambios". Por eso, entiende que "los jueces no pueden vivir bajo el terror de que analicen y critiquen sus sentencias" y "menos perseguir al que lo hace". Y es que "el juez que le teme a la crítica es porque no está seguro de lo que hace y porque oculta cosas indebidas". "Las autoridades públicas –dice– se fortalecen cuando son capaces de recibir con madurez y sin bajezas de espíritu las opiniones que se emitan sobre las instituciones que representan".

La crítica, principalmente del Derecho, es un derecho fundamental. No por azar, añadiríamos, la sana crítica es el patrón para evaluar las pruebas en el proceso penal y no el acatamiento ciego de una arbitraria íntima convicción del juez. "La verdad procesal es (...) lo que se prueba en el juicio", para utilizar las palabras de Rafael Ciprián.

Solo la crítica jurídica ejercida deliberadamente permitirá fortalecer las defensas del ordenamiento jurídico contra las fuerzas autoritarias del populismo penal que amenazan con enterrar las libertades públicas que con tanto esfuerzo y sangre arrancamos al poder de los dictadores y de los caudillos los dominicanos y dominicanas que queremos vivir no solo en democracia sino también en libertad. Si aceptamos acríticamente los postulados del populismo penal, acabará erosionándose el precario Estado de Derecho que, con tanto esfuerzo, construimos los dominicanos cada día.

14. EL FIN DEL DERECHO PENAL

Los ciudadanos tenemos una confianza excesiva en la pena y en las funciones que desempeña en nuestras sociedades. Desde quienes defendemos el medio ambiente hasta los que combatimos la violencia intrafamiliar, sin olvidar los que luchamos contra el terrorismo, la xenofobia y los delitos económicos, todos pensamos que el Derecho Penal es la solución a los males que nos aquejan. Pero hay que estar claros en una cosa: el Derecho Penal sirve muy poco para mejorar al mundo y, como afirma Daniel R. Pastor, "de cómo hacer de un país o del mundo un sitio de igualdad, cultura y bienestar los penalistas saben poco y nada".

Esa confianza ilimitada en la capacidad del poder punitivo de resolver todas las situaciones, ese panpenalismo que parte de la creencia de que la pena, en sí misma, es algo bueno, nos hace olvidar el único fin que puede tener el Derecho Penal desde Beccaría hasta nuestros tiempos. Como bien expresa Ferrajoli:

"El fin general del derecho penal [...] puede identificarse en una palabra con el impedir que los individuos se tomen la justicia por su mano o, más en general, con la minimización de la violencia en la sociedad. Razón de la fuerza es el delito. Razón de la fuerza es la venganza. En ambos casos se da un conflicto violento resuelto mediante la fuerza: mediante la fuerza del reo en el primer caso, mediante la de la parte ofendida en el segundo. Y la fuerza es en ambos casos arbitraria e incontrolada: no sólo, como es obvio, en la ofensa, sino también en la venganza, que es por su propia naturaleza incierta, desproporcionada, desenfrenada, dirigida a veces contra el inocente. La ley penal se dirige a minimizar esta doble violencia, previniendo mediante su parte prohibitiva la razón de la fuerza manifestada en los delitos y mediante su parte punitiva la razón de la fuerza manifestada en las venganzas u otras posibles reacciones informales.

"Está claro que, entendido de este modo, el fin del derecho penal no es reducible a la mera defensa social de los intereses constituidos contra la amenaza representada por los delitos. Es, más bien, la protección del débil contra el más fuerte: del débil ofendido o amenazado por el delito, así como del débil ofendido o amenazado por la venganza; contra el más fuerte, que en el delito es el delincuente y en la venganza es la parte ofendida o los sujetos públicos o privados solidarios con él. Más exactamente –al monopolizar la fuerza, delimitar sus presupuestos y modalidades y excluir su ejercicio arbitrario por parte de sujetos no autorizados–, la prohibición y la amenaza penales protegen a las posibles partes ofendidas contra los delitos, mientras que el juicio y la imposición de la pena protegen, por paradójico que pueda parecer, a los reos (y a los inocentes de quienes se sospecha como reos) contra las venganzas u otras reacciones más severas. Bajo ambos aspectos la ley penal se justifica en tanto que *ley del más débil,* orientada a la tutela de sus derechos contra la violencia arbitraria del más fuerte. Las dos finalidades preventivas –la prevención de los delitos y la de las penas arbitrarias– están conectadas sobre esta base: legitiman conjuntamente la 'necesidad política' del derecho penal como instrumento de tutela de los derechos fundamentales, definiendo éstos normativamente los ámbitos y límites en cuanto bienes que no está justificado lesionar ni con los delitos ni con los castigos".

Un Derecho Penal concebido así solo le queda la posibilidad de ser un Derecho Penal mínimo, *ultima ratio* a la que se acude allí donde han fracasado todos los demás instrumentos del ordenamiento jurídico (las políticas públicas, la responsabilidad civil, las sanciones administrativas, los órdenes disciplinarios de los colegios profesionales). Como la pena es la más dura de todas las intromisiones estatales en la esfera individual, ésta sólo debe intervenir allí donde instrumentos menos duros han sido insuficientes. Si no quiere ser más que el catálogo de nuestros fracasos sociales, Derecho Penal simbólico para calmar las inquietudes de quienes siempre exigen lo políticamente correcto, el Derecho Penal, necesariamente para seguir siendo Derecho, no es ni debe ser la continuación de la política social por otros medios. Solo así vale la pena el Derecho Penal.